études françaises

LIMINAIRE

LES ÉCRIVAINS-CRITIQUES : DES AGENTS DOUBLES ?

Maquette de couverture : Mathilde Hébert

ISBN 2-7606-2304-1 ISSN 0014-2085
Dépôt légal, 2e trimestre 1997 • Bibliothèque nationale du Québec

33,1
Printemps 1997

« Il nous manque déjà »

Celui qu'on a appelé Miron le Magnifique a toujours été partagé entre l'action et la réflexion, l'engagement politique et l'écriture. Cet homme à la parole innombrable, animateur de poésie, éditeur, harangueur et agitateur public, reste malgré tout l'homme d'un seul livre, *L'Homme rapaillé*, qui rassemble ses principaux textes. Or ce livre a été édité pour la première fois grâce au Prix de la revue *Études françaises*, en 1970, et au travail persuasif de Georges-André Vachon auprès d'un auteur qui, plus que tout autre, entretenait une méfiance symptomatique envers ses propres publications. En 1976, Miron publie un autre recueil sous le titre *Courtepointes* et en 1989, *À bout portant*, ensemble de lettres adressées à Claude Haeffely de 1955 à 1964. En 1989 également paraît chez Seghers notre anthologie intitulée *Écrivains contemporains du Québec* et, en 1992, un recueil des *Grands Textes indépendantistes*, en collaboration avec Andrée Ferretti.

De la poésie mironnienne, Georges-André Vachon écrivait qu'elle était « l'invention de la substance ». Peu de temps après le décès du critique, Miron s'était écrié : « Il nous manque déjà ». Ces mots me sont revenus en mémoire à la mort de Miron lui-même. Ils rendent on ne peut mieux l'impression de perte que tous ont ressentie face à cette disparition. Impression de stupéfaction également, comme si cela même, *l'absence de Miron*, était à peine concevable, comme si le destin s'était trompé. En attendant que paraisse le numéro spécial que la revue *Études françaises* compte consacrer à son œuvre, nous reproduisons le poème qu'il nous avait confié pour le numéro « Trentième anniversaire. Hommage à Georges-André Vachon ». Il s'agit là de l'avant-dernier poème paru du vivant de l'auteur. Comme à son habitude, Miron avait réécrit son texte, se résolvant difficilement à livrer — figer, fixer — une fois pour toutes un poème qu'il ne pouvait concevoir autrement qu'inachevé et en mouvement : à peine avait-il terminé une page manuscrite qu'il voulait la reprendre, la modifier. « Version non définitive », lit-on sur la première page de la réédition 1993 (L'Hexagone, « Typo ») de *L'Homme rapaillé*. L'écriture selon Miron est perçue comme un engendrement sans fin, une suite ininterrompue de variantes.

Pour Albert Memmi, Miron est « une sorte de miracle québécois, parce qu'il a tenu le pari de faire une poésie du collectif ». Pour les Québécois, Miron est un fondateur et une légende. On lui aurait souhaité une œuvre plus abondante. Mais non plus essentielle.

Lise Gauvin

JE M'APPELLE PERSONNE

Naissance erratique, narrative douleur
dans le tout d'une logique de l'écart fou
qui me fait un sort dans un avenir dépaysé
de sorte qu'il n'est pas de répit de moi
homme du modernaire, à rebours de disparaître,
dans une histoire en laisse de son retard.

Gaston Miron

Voici ce même poème, dans une version antérieure remise à la revue mais non publiée :

Naissance erratique narrative douleur
me fait un sort en ~~des pays dépaysés~~ des lieux dépaysés
tout à sa conduite de l'écart fou
~~rien n'a changé~~ pour moi, de moi
depuis que tout a commencé

Corps, ce corps-là, le mien
il n'est pas le mien
je tiens (j'en veux) pour preuve qu'un jour
~~il~~ s'en ira sans moi.

il n'est de répit

PRÉSENTATION

LISE GAUVIN

En proposant comme piste de réflexion, lors de la journée qui a marqué la célébration de son trentième anniversaire, en octobre 1995, « Les agents doubles ou la relation écrivain-critique », *Études françaises* a voulu souligner le rôle qu'elle s'est attribué depuis sa fondation : réunir sous une même enseigne, celle de la littérature, la poétique des créateurs et les « lectures accompagnatrices » qui, d'une manière tout aussi féconde, font œuvre. Revue savante consacrée aux littératures de langue française, *Études françaises*, sans renoncer à explorer les points de jonction entre la littérature et les autres disciplines, souhaite garder vivant le dialogue entre critique et création, savoir et écriture. Ce qui se traduit aussi bien par des numéros spéciaux que par un souci constant de la dimension écriture des articles retenus.

Ce faisant, la revue ne fait que suivre l'exemple donné par son principal directeur, Georges-André Vachon, qui écrivait dans un texte de 1966 consacré au « Conflit des méthodes » :

> Expérience de création, la lecture doit nécessairement aboutir à un terme objectif, qui peut prendre trois formes. Chez le simple « liseur », la re-création de l'œuvre s'opère au niveau de la conscience pratique : les romans de Balzac imprègent, colorent, transforment, recréent, en quelque sorte, les comportements intellectuels et sociaux du duc de Guermantes. Chez d'autres, la lecture peut aboutir à un discours sur l'œuvre, qui devient une véritable création, dans la mesure où il est cohérent et méthodique ; ainsi de R. Barthes, de G. Poulet, de J.-P. Richard, critiques « créateurs », qui furent d'abord de simples lecteurs de Racine, de Proust, de Mallarmé. Chez d'autres enfin, la culture, et plus particulièrement la

lecture, débouche sur la création d'une œuvre, poétique ou romanesque, la critique devenant alors un simple sous-produit de l'activité proprement littéraire ; c'est le cas de Proust, lisant, méditant, pastichant Balzac ou Saint-Simon ; c'est le cas de Claudel, qui dit avoir annoté et traduit tout Shakespeare, avant d'écrire son premier drame[1].

« Qu'est-ce que la critique ? » se demandait ensuite Georges-André Vachon ? « Qu'est-ce que la fiction ? » suis-je tentée d'ajouter. À une époque où l'écriture est largement métafictionnelle, peut-on établir une véritable démarcation entre les œuvres dites de fiction et celles qui en constituent la critique ? Ne sommes-nous pas plus que jamais confrontés à la nécessité de « remodeler les genres », nécessité que Roland Barthes liait au fait que dans bien des cas « l'essai s'avoue presque un roman[2] » ? Mieux encore, chaque œuvre ne porte-t-elle pas sa propre part d'auto-théorisation, voire sa propre poétique ?

La désignation même d'*Agent double* est empruntée à Pierre Mertens, qui, dans un ouvrage ainsi intitulé et consacré à quelques-uns des écrivains qu'il affectionne, renvoie à ce que Blanchot appelle l'« esthétique de l'amitié » et à cette « éthique de l'admiration » dont parle Canetti à propos d'Hofmannsthal. En ce qui concerne sa propre pratique, Mertens constate :

> La littérature déploie un seul continent qu'on explore tantôt dans un sens, tantôt dans un autre. J'ai toujours vu les écrivains que j'admirais lire (ou relire) de plus en plus et non de moins en moins. Je me sens, quant à moi, « pourri de littérature » et n'en éprouve pas la moindre honte. Je vis de mieux en mieux la symbiose du romancier et du lecteur : ils mènent bien le même combat, traquent un comparable mystère, défendent d'identiques valeurs[3].

Les textes qui constituent ce numéro montrent bien toutefois à quel point cette notion d'agent double devient pur artifice dialectique lorsqu'il s'agit de l'appliquer à des activités aussi complémentaires que celles qui procèdent d'un travail théorique et celles qui se réclament de l'invention comme telle : les unes comme les autres, quand il s'agit de critique créatrice, sont actes de langage, car elles témoignent d'une même quête (J. Demers) et d'un travail de la langue faisant « subrepticement retour sur elle-même pour gagner un horizon commun au lisant et au lu »

1. « Le conflit des méthodes », *Études françaises*, vol. 2, n° 2 juin 1966 ; repris dans « Trentième anniversaire. Hommage à Georges-André Vachon », *Études françaises*, vol. 31, n° 12, 1995, p. 148. Également dans Georges-André Vachon, *Une tradition à inventer*, Montréal, Boréal, 1996, p. 228.

2. *Roland Barthes par Roland Barthes*, Paris, Seuil, 1965, p. 124.

3. Pierre Mertens, *L'Agent double*, Bruxelles, Éditions Complexe, 1989, p. 37.

(Brault). Mais ce lieu commun de la modernité, qui consiste à assimiler critique et création, ne doit-il pas à son tour être mis en doute ? « Les agents doubles sont des martyrs », rappelle Antoine Compagnon en renvoyant à Proust, à la fois méfiant face à la tentation théorique et modèle d'écrivain-critique. Et en quoi consiste cette fameuse explication de texte, se demande Jean Larose, à laquelle doit se livrer le professeur de littérature ?

Le numéro se poursuit par une étude de Laurent Mailhot portant sur l'œuvre de nouvelliste de Gilles Marcotte, examinée dans la perspective de ses propres travaux critiques et par une analyse du discours sur l'art que tiennent les écrivains Zola et Huysmans (I. Daunais). Sous le titre « Littératures visibles et invisibles », des romanciers de différents pays – Kourouma, Clémens, Khatibi, Godbout – s'interrogent sur leur parcours langagier, se livrant ainsi à une forme d'auto-théorisation. Ces témoignages s'ajoutent aux réflexions des essayistes dont ils offrent en quelque sorte le double inversé.

Le soleil et la lune

JACQUES BRAULT

Le soleil et la lune sont les yeux de la planète Terre. Les anciens mythographes dispensaient cette croyance aux fils et filles de l'ombre et de la lumière. Peu à peu, les mythologues, incroyants de profession, observèrent qu'on ne pouvait garder ces deux yeux ouverts en même temps. Au milieu de cette querelle de clochers entre impressionnables et raisonnables, la confrérie des borgnes de l'esprit, largement majoritaire, trouva motif de se réjouir. Cependant, on entendait de plus en plus souvent la lune dire au soleil : « Tu m'éclaires, et même tu me réchauffes (quand tu ne me brûles pas), en m'offrant à la curiosité ainsi qu'à la rêverie. Mais tu n'y arrives qu'à la faveur de la nuit intersidérale où tous nous sommes aveugles. » Le soleil, rougissant de plus belle, répliquait : « Laissée à toi-même, tu es froide, stérile, pure passivité, poussière de poussière. Sans moi, tu n'aurais de destin que celui d'un satellite invisible aux lunatiques et insignifiant aux lunologues. » Avant de se coucher, il ajouta : « C'est moi qui te pense. » La lune en se levant murmura : « Et moi, je te réfléchis. »

Voilà une allégorie facilement applicable à ce qui rend complices et adversaires l'écrivain et le critique.

Au temps de l'euphorie *textualiste*, alors que pointait à l'horizon l'avènement d'une science de la littérature qui liquiderait l'héritage romantique et du même coup congédierait la philosophie surveillante de la poésie, on a aussi beaucoup fantasmé sur la réversibilité entre écrire et lire. Équivoque vite devenue dogme d'école. Désormais, le commentaire, non content de gloser l'œuvre, devait la légitimer en la phagocytant. Cette forme énergique de rétablissement des textes provoqua quelques timides retours à la perplexité. Ainsi l'honnête Todorov s'étonnait : le *Saint Genet* de Sartre « n'est qu'un livre de critique, et pourtant sa lecture est une aventure : voilà le mystère ». Par contre, Julia Kristeva, dans un rare accès de simplification, proclamait : « La sémiotique se prépare à devenir le discours qui évincera la parole métaphysique du philosophe grâce à un langage scientifique et rigoureux. » C'en était assez pour que notre soleil et notre lune s'éclipsent et aillent de concert poursuivre leur différend à l'abri des nuages.

Les écrivains actuels n'ignorent pas plus que leurs prédécesseurs à quel point l'esprit critique reste essentiel au processus de la création. Baudelaire, Montaigne et Platon représentent à cet égard des repères privilégiés. Les propos de Bashô recueillis par ses disciples devraient s'ajouter à nos références maîtresses si nous ne persistions pas à nous limiter à l'héritage culturel de l'Occident. L'esprit critique se fait forcément analyste et technicien. Écrire exige discernement et choix. Évidence mise à mal par le surréalisme moins pour la détruire que pour rafraîchir une conscience blasée sur ses moyens et ses finalités. Le métier d'écrivain ne comporte pas seulement une épistémologie implicite à l'acte artisanal ; il fonctionne à vide si ne le traverse pas, ne le tourmente pas et même ne le dérègle pas ce que Marthe Robert appelle la « trivialité intérieure ». Ne se confondant ni avec l'inspiration mythifiée ni avec l'inconscient freudien, cette sauvagerie de l'être, magma de l'inavouable et poussée virtuelle de nos cris muets, bonheur et malheur de vivre imbriqués l'un dans l'autre, cette dépossession possessive évoquerait plutôt la matière de la mémoire lazaréenne de Proust. Le jeune Beckett a laissé à ce sujet des pages lumineuses. « Au sens strict, nous pouvons seulement nous souvenir de ce que notre extrême inattention a enregistré puis emmagasiné dans le donjon ultime et inaccessible dont l'habitude ne possède pas la clef. » Voilà ce qui s'écrit, au sens fort du mot écrire, grâce à une inconscience consentie mais ténébreuse à l'écrivain, et qui se présente, par ses formulations involontaires et impératives, comme la différence, sinon comme la négation, de la conscience critique. Là, l'écrivain ne sait pas trop ce qu'il écrit. Je n'avance pas à tort et à travers ces propositions. La langue vive et immémoriale en porte les marques suggestives, et elle les divulgue à qui ne manque pas d'oreille et entend sans prendre la peine d'écouter. En ce qui concerne l'œuvre littéraire, la partie décisive ne se joue pas dans cet en-dessous méandreux, apanage du mutisme et de la folie, ni dans la clarté du travail où l'on procède aux arrangements verbaux, mais dans le risque incalculable où se conjoignent, pour le meilleur et pour le pire, l'intime et le public : d'une part l'unique *cela* d'un être, fragile et dérisoire, le mortel qui recèle un plus-que-vivre, et d'autre part le remue-ménage collectif, l'affairement des heures, le langage-communication qui banalise le mystère, certes, mais en même temps nous dépiège du solipsisme, bref la vie commune toujours flanquée de son ombre mortifère. Les chefs-d'œuvre de la littérature universelle tâchent de réaliser ce raccordement par l'écriture polysémique. Ils y échouent, sans exception, n'étant que lueurs d'une haute joie, fragments d'un silence plénier où nous rêvons d'avoir demeure.

Je crois que je me suis un peu exalté. Comme la lune quand elle attrape un coup de soleil. Les critiques, dont l'indulgence est bien connue, me passeront ces outrances. Du moins les plus lucides, qui admettent sans peine que la créativité s'impose dans l'exercice de leur métier. Je n'épiloguerai pas sur les études complexes que commande l'activité de l'esprit critique. Tout le côté diurne de l'interprétation des œuvres est archiconnu, à l'égal, j'imagine, de l'*architexte* du cher Genette.

La critique a elle aussi son inconscience, son inattention essentielle, ses bas-fonds de la mémoire. Veilleur endormi, dormeur éveillé, toutes sortes d'expressions contradictoires conviennent pour désigner le lecteur d'ouvrages littéraires. Cette étrange créature qu'un théoricien allemand nomme le « sujet récepteur » (la lune s'esclaffe, le soleil se voile la face), et que l'on veut non pas double ou triple, mais quadruple selon une nomenclature en vogue chez les initiés et à laquelle je ne ferai pas écho, hante ou devrait hanter les critiques jusqu'au terme de leur entreprise et même au-delà. Georges Mounin a justement exprimé une partie de ce que j'essaie laborieusement de suggérer :

> Les critiques ne savent presque jamais parler de leurs émotions, qui sont leur moment capital en tant que critiques : le moment du vécu esthétique à l'état naissant. Ils sont toujours trop pressés de passer au moment suivant, celui qu'ils croient important, celui de la construction intellectuelle qu'ils superposent à l'œuvre – souvent aussi celui seulement des rationalisations prématurées sur ce qu'ils ont ressenti ou cru ressentir à la lecture.

Je n'endosse pas complètement ces propos, qui me paraissent toutefois précieux en ce qu'ils invitent à ralentir la hâte de se projeter dans le savoir critique, lequel, ne l'oublions jamais, distingue, divise, met à distance. La raison sépare. Elle nous sauve de la confusion. En contrepartie, elle éteint l'étonnement. Il lui arrive enfin de couvrir nos aberrations, mais c'est une autre histoire. La lecture du poème le moins hermétique nécessite de se désencombrer, de quitter le lieu de son assurance pour se couler moins dans un inconnu supposé instructif que pour accueillir l'autre vraiment autre au sein d'une langue pourtant partagée. Tel est « le Oui léger, innocent, de la lecture », selon Blanchot. Innocent ? J'entends ricaner les critiques à tout crin. Innocent par le fait que j'accepte de confier un moment de mon existence à un étranger qui se manifeste par son absence, et sur la seule garantie qu'il ne s'adresse à personne. Si la lecture se réalise littéralement, alors advient l'enchantement, sinon je déchante et passe à autre chose. Qu'un écrivain ne soit pas entendu à demi-mot, c'est le signe que la critique occulte la lecture. En ce sens, lire signe ma perte et ma dissémination. L'opération critique consiste d'abord à recueillir ces granules d'être langagier en une mémoire épiphanique rebelle à toute explicitation. Les raisons raisonnantes du critique et ses fines intellections accéderont peut-être à l'écriture pour peu que les inquiète et les féconde, les aspire et les expire l'inachèvement, la rumeur de cette lecture restée légère par l'insouci de toute conversion à ce qui n'est pas son ravissement, donc son immédiate insignifiance et sa foncière irresponsabilité.

On devine que l'écrivain-critique ou le critique-écrivain n'a pas la tâche facile. Il faut le génie aérien de Nabokov pour réussir un *Feu pâle*, espèce de soleil lunaire, obscure clarté qui tombe sur la morne et vaste plaine où colloque la société des corneilles savantes. Diverses motivations poussent sans doute un écrivain à s'adonner à la critique en tant qu'écrivain. S'agit-il de se débarrasser d'une tutelle gênante, d'acquitter une dette, de marquer son territoire, de survivre à une période de stérilité, de célébrer ou, au contraire, de vider une querelle ? Le *Rimbaud* d'Henry Miller jure à côté du *Baudelaire* de Jouve ; l'un se mire médiocrement, l'autre se livre à un cérémonial révélateur. Mario Vargas Llossa s'est pris d'amour pour Emma Bovary, Nathalie Sarraute maltraite Valéry. Dhôtel sur Paulhan, Claudel sur Saint-John Perse et celui-ci sur Fargue écrivent pour avoir lu quelqu'un qui n'est pas leur double. Giono, le naïf rusé, récrit à sa façon *Moby Dick*, mais ce qui pouvait sembler une annexion tourne au dialogue fabuleux tant Giono va au secret de Melville et au secret de sa propre lecture.

Dans les meilleurs écrits critiques des écrivains, on découvre avec stupeur une mise au jour de la nuit écrivante. Comme si se produisait un emmêlement de deux mémoires profondes, celle d'une lecture libérée de son utilitarisme et celle du sans-fond où séjourne par nécessité l'écriture orphique, la seule qui compte quand on ne se satisfait pas de rédiger. Mandelstam se mesurant à Dante mais pour abaisser sa tentation de superbe et se convertir à plus de justesse poétique, c'est une grande leçon de lecture, ainsi que la douloureuse fraternité, la jubilante complicité de Celan pour Mandelstam. On n'en finirait pas de fournir des exemples qui témoignent d'une lecture accompagnatrice de la part des écrivains, lecture sensible, intelligente, modeste parfois..., attentive à l'unique, à ce que Bonnefoy désigne comme « le signifiant du non-signifiable », lecture encore qui caractérise la critique créatrice où la langue fait subrepticement retour sur elle-même pour gagner un horizon commun au lisant et au lu. C'est interminable, sans conclusion. Et inutilisable. C'est du même coup création et critique. Joyce et Homère : quel aveugle guide l'autre aveugle, demande Borges.

Nous sommes ici enfants du hasard plus que de l'histoire. Sans origine et sans destination. Autonome par défaut, la question littéraire garde son énigme. Notre langue bien-aimée, qu'elle est lointaine quand elle se sublime, et notre pensée intime, qu'elle est étrangère. Je n'ai pas oublié la chansonnette entendue à la radio et dont s'amusait mon adolescence :

Le soleil a rendez-vous
avec la lune
Mais la lune n'est pas là
le soleil l'attend

Rendez-vous manqué du réel et de la poésie ; promesse réaffirmée après chaque station solitaire que bientôt prendra fin la mélancolie saturnienne où nous déjette l'angoisse de notre finitude. L'autre, désiré à travers la crainte, viendra-t-il, serons-nous, pauvre savoir désaccordé du non-savoir, un *nous* de vérité musicienne ? Le soleil s'impatiente aux limites de sa propre nuit. La lune se morfond de ne pouvoir s'ajourner. Par la voix d'Henri Michaux, ils se calment l'un l'autre et ouvrent leur attente à ce qui s'accomplit par ses seuls moyens, comme quand on ouvre un beau livre sous la lampe.

Calme-toi visage embrasé. Je suis là.
Pas d'arrachements.
Je t'attends dans la douceur...
Je t'attends.

Le cours poème

JEAN LAROSE

Salut ! je t'envoie ce chant à travers la mer grise, comme une marchandise phénicienne.

Pindare

Marcel Proust écrit, dans *Le Temps retrouvé* : « Une œuvre où il y a des théories est comme un objet sur lequel on laisse la marque du prix[1]. » Un cours de littérature, souvent, me donne la même impression. Impression déplacée, mais que je voudrais aujourd'hui, pour la fête, le jeu et la curiosité, traiter comme une idée raisonnable. Le texte qu'il s'agit d'étudier en classe, avec nos élèves, n'est-il pas un objet offert – offert à la lecture, comme on dit – et qui a quelque chose du cadeau sur lequel il s'agirait non pas, en l'espèce, de laisser, mais d'apposer la marque du prix – libellé en monnaie de théorie ?

Cette impression part de l'étrange – ou mélancolique, ou québécoise, ou moderne – persuasion que la parole du professeur ne devrait pas être moins que le texte sur lequel elle porte. Un cours de littérature peut-il atteindre lui-même à l'art, ou à une forme de mimésis dont l'objet ne serait pas dans la nature, mais dans l'art ? Mimésis d'une mimésis, c'est-à-dire un discours qui, tout en imitant, reproduisant, simulant, mettant en scène son objet, ne renoncerait nullement pour lui-même à l'originalité, la production, l'authenticité ? Il faudrait alors que, dans l'objet littéraire, le cours ne redouble pas ce qui relève du goût, mais retrouve la force géniale, qu'il imite non ce qui fait son prix, mais ce qui en fait un objet sans prix.

Objet de prix, ou objet sans prix ? Question de goût – et de dégoût (pour prendre un mot à Jacques Derrida). Tout ce

1. Paris, Hachette, « Le livre de Poche », 1967, p. 240. Toutes les citations de Proust sont extraites de cette page.

qui, dans un texte, relève du goût, traces d'époque, automatismes, décors, techniques, et même innovations, ruptures ou fautes de goût, et jusqu'aux visions de la folie ou du prophétisme, peut recevoir la marque d'un prix, faire l'objet d'un discours savant ou théorique, subir avec profit le quadrillage d'une méthode critique. Mais ce qui est dégoûtant dans un texte, ce qui décourage la lecture tout en la fascinant, ce qui me ferait vomir si je le prenais dans ma bouche et essayais de faire cours à son sujet, c'est ce qui ne peut en aucun cas s'évaluer et lance un affolant défi d'émulation poétique à tout discours professoral: comment initier l'élève à ce dégoût ? Le rôle du professeur de littérature moderne, ou du moderne professeur de littérature, est toujours un peu de corrompre la jeunesse...

Cette corruption s'exerce d'abord sur sa propre parole, quand ce qu'il y a de dégoûtant dans un texte, l'essentiel innommable, étrangle sa voix théorique. Au lieu de vomir, le mélancolique enseignant – qui ne détache sa propre parole du poème même qu'avec la conscience criante d'oublier l'essentiel, et ne cesse de se reprocher sa paresse spirituelle, comme le Rimbaud de *L'impossible* : « Mais je m'aperçois que mon esprit dort. S'il était bien éveillé, toujours à partir de ce moment, nous serions bientôt à la vérité[2]... » – cet enseignant se replie sur ce qui reste possible et convenable : par un astucieux travail négatif, il décrit au moins sa démission devant cet impossible éveil, il expose l'aveuglement de la pensée frappée par ce soleil répugnant, le principe de perte et d'illimitation qui fonde le sans-fond de la poésie. Du même coup de maître, il expose aux élèves le principe de sa perte de maîtrise, dépouillant au passage la théorie littéraire de toute valeur représentative, analogique ou mimétique. Cette astuce de modernité est maintenant classique, c'est le cas de le dire : le professeur, garrotté en ce silence de ne pouvoir dire que l'indicible – situation comparable peut-être à ce que Bataille appelait le souverain silence ou le silence de l'instant souverain, – explique aux élèves que toute parole pour dire l'innommable serait encore le trahir, même et surtout quand cette trahison se dénonce elle-même – ce qu'il fait justement à l'instant devant eux –, puisque aussitôt cette dénonciation lui revient comme un profit de maîtrise. Cette entourloupette marche et marchera toujours très fort... Et elle renforce effectivement la position théorique du dénonciateur de la théorie tout en lui donnant l'impression de participer à la

2. Le mélancolique enseignant se sent appelé à élucider « l'immense région du somnambulisme, le presque tout qui n'est pas l'éveil pur » (Jacques Derrida, *L'Écriture et la différence*, Paris, Seuil, 1967, p. 11).

souveraineté du texte littéraire, de la détourner à son profit. Bonne fortune. Proust écrit pourtant : « Grande indélicatesse. »

Si « une œuvre où il y a des théories est comme un objet sur lequel on laisse la marque du prix », on peut en induire que c'est parce que la théorie prétend jouer vis-à-vis de l'œuvre le rôle de ce que Marx appelait équivalent général. Cependant, si l'or, ou l'argent, est un équivalent général de toutes les marchandises, c'est non seulement parce que toutes peuvent être traduites en or ou en argent, mais aussi, rappelait Marx, « parce que l'or jouait déjà auparavant le rôle de marchandise. De même qu'elles toutes, l'or fonctionnait aussi comme équivalent, soit accidentellement dans des échanges isolés, soit comme équivalent particulier à côté d'autres équivalents particuliers[3] ». Aussi, on peut se demander si ce n'est pas afin de revenir de son exil dans l'équivalence générale, et se faire reconnaître comme équivalent particulier du texte littéraire, que le discours théorique a voulu se hausser au rang d'équivalent général de la valeur littéraire. Double paradoxe, puisque cette reconnaissance de la théorie comme équivalent particulier du texte littéraire lui procure encore la reconnaissance de son indépendance, comme texte théorique, par rapport au texte littéraire – renversement analogue à celui qui érige la monnaie, équivalent général, en domaine particulier de l'économie. La spéculation théorique fabrique de la valeur intellectuelle indépendamment des œuvres littéraires, de la même manière que la spéculation financière fabrique du capital indépendamment du travail ou de la marchandise. Ceci en invoquant le fait que la spéculation théorique serait déjà à l'œuvre dans l'œuvre, fût-ce à l'insu de l'auteur, dans « l'inconscient du texte ». L'esprit qui propose une théorie littéraire ne déclare donc peut-être, par ce geste cavalier, que sa rivalité avec la littérature, l'envie qui le ronge devant le caractère fétiche (pour reprendre une autre expression marxienne) du texte littéraire, et finalement son ressentiment contre l'œuvre – ressentiment d'avoir perdu sa chance de devenir souverain, de devenir comme lui, en cédant à la tentation théorique.

« Grossière tentation », dit en effet Proust ; les théoriciens ont besoin, pour discerner la valeur intellectuelle, de la voir exprimée directement ; ils ne savent pas l'induire de la beauté d'une image. La tentation théorique est donc une tentation putschiste, sous l'illusion qu'il est possible de forcer l'accès à la souveraineté poétique sans avoir à passer par l'épreuve dégoûtante de la poésie.

Par nature, ce putsch ne peut qu'échouer, et la théorie se venge de son échec sur le texte. Rappelons ce que disait

3. *Le Capital*, livre I, 1re section, chap. I, d.

Friedrich Schlegel de l'intérêt pour la poésie de son « ami » le philosophe Schelling : que c'était une affection d'escargot frigide « étendant ses antennes vers la lumière et la chaleur du jour nouveau ». La littérature sait en effet quelque chose que la théorie ne sait pas, mais dont elle se doute. Et elle s'en doute justement parce qu'elle s'en est à elle-même interdit l'accès en se constituant, dans l'enthousiasme, indiscrètement, comme théorie. Sa constitution théorique est une constriction, un resserrement sphinctérien de l'esprit qui, d'une même offuscation, se procure la maîtrise théorique et obture ses plaies, ouvertures par lesquelles l'esprit aurait pu se vomir lui-même sous forme de poésie. Celui qui vit par la théorie s'étouffe de la théorie. Et de cette rétention qui l'exile en sa propre maîtrise, sa théorie se venge, avec enthousiasme, sur l'objet littéraire.

Jacques Lacan disait que l'enthousiasme est la marque la plus sûre à laisser dans un écrit pour qu'il date. Chacun sait, en ces temps inflationnistes, qu'on en peut dire autant de la marque du prix. La monnaie théorique est singulièrement frappée au sceau de ce qu'on appelait, en nos désirantes années soixante-huitardes, la pulsion épistémophilique. En tant que monnaie de pulsion, elle subit inévitablement une inflation repoussante — toujours plus de monnaie pour repousser ce qui est repoussant — qui aboutit inévitablement à la dévaluation des termes de l'échange. Née de la tentation de posséder immédiatement la souveraineté, la théorie remplit en effet la double mission, d'une part, apotropaïque, de repousser le repoussant, le pire du dégoûtant de la jouissance ou de la terreur de vivre, d'autre part, de monnayer au plus vite tout ce qu'elle découvre. Indélicatesse, comme de faire savoir à quelqu'un le prix du cadeau qu'on vient de lui offrir. Là où le texte est le plus discret, le plus innommablement secret, il faut que la théorie fasse savoir qu'elle sait le secret, soulignant ses propres astuces trois fois plutôt qu'une — c'est l'inflation qui la dévalue — de crainte que son savoir échappe à quiconque, et surtout qu'il ne lui échappe à elle-même.

Justement l'innommable, le dégoûtant est ce qui excite le plus la pulsion d'emprise de la théorie littéraire. Et il ne lui faut jamais tant de distance et de maîtrise théoriques que pour monnayer ce qu'il y a de plus immonayable dans la littérature, par exemple le silence de Rimbaud ou de Saint-Denys Garneau, l'impuissance de Nerval, l'évanouissement imprécatoire d'Artaud, de Gauvreau ou de Nietzsche. Mais l'innommable, le dégoûtant est aussi ce qui fait crever la bulle théorique, ce qui renvoie l'enseignant à sa persuasion mélancolique qu'il oublie toujours l'essentiel.

Parvenu à ce point de découragement magistral, je peux au moins exposer à mes élèves que la différence de l'économie générale à l'économie restreinte n'est pas un antagonisme, que les poétiques qui assignent au poète la divine position d'un génie dépensant sa génialité sans compter, comme un inépuisable soleil, depuis Platon, Kant, Hegel, Nietzsche et jusqu'à Bataille, ont aussi toutes lutté pour s'attribuer sans imposture quelque chose de la force de l'artiste, une puissance de mimésis capable d'imiter non la nature, mais la force productrice même de la nature – en allant, dans le cas des modernes, au-delà de la dénonciation du pouvoir abusif de la raison théoricienne, insistant justement sur la valeur poétique, et presque amoureuse, de leur propre don de pensée.

Au moment de guider mes élèves aux pages d'*Aurélia* où Nerval perd la boule :

> Je crus que les temps étaient accomplis, et que nous touchions à la fin du monde annoncée dans l'Apocalypse de Saint Jean. Je croyais voir un soleil noir dans le ciel désert et un globe rouge de sang au-dessus des Tuileries [...] À travers des nuages rapidement chassés par le vent, je vis plusieurs lunes qui passaient avec une grande rapidité. Je pensai que la terre était sortie de son orbite et qu'elle errait dans le firmament comme un vaisseau démâté [...][4]

je citerai bien sûr à mes étudiants le beau livre de Julia Kristeva, *Soleil noir*, où se trouve si brillamment analysé le système de la mélancolie, ce face-à-face, au-delà et à travers la fonction paternelle, avec une altérité innommable, roc de la jouissance comme de l'écriture « qui ne se peut appréhender que comme fonctionnalité pré-verbale où se constitue la signifiance[5] ». Tout cela est tellement vrai ! Mais si comme professeur je crois tenir ce que je comprends du cataclysme pressenti par Nerval de la mélancolie elle-même, de l'irrésistible attraction d'un soleil noir de terreur et de dégoût rayonnant au centre du sujet et au centre de l'expérience poétique, peut-être entraînerai-je encore mes étudiants vers des parages plus désastreux, chez le Rimbaud de « Qu'est-ce pour nous mon cœur... », par exemple, ou le Nietzsche du *Gai Savoir*, tenté de me faire avec lui « l'annonciateur de cette formidable logique de terreurs, le prophète d'un obscurcissement, d'une éclipse de soleil comme jamais il ne s'en est produit en ce monde[6] » : « Qu'avons-nous fait à désenchaîner cette terre de son soleil ? Vers où roule-t-elle à présent ? Vers quoi nous porte son mouvement ? Loin de tous les soleils ?[7] »

4. Nerval, *Aurélia* II, 4, Paris, Gallimard, « Bibliothèque de la Pléiade », 1966, p. 397.
5. Paris, Gallimard, 1987, p. 180.
6. *Le Gai Savoir*, traduction Pierre Klossowski, Paris, Gallimard, 1967, p. 265.
7. *Ibid.*, p. 137.

En tant qu'enseignant qui voudrait faire poème, je suis comme un homme peinant pour atteindre au centre d'un texte tourbillonnant et qui, chaque fois qu'il y touche, s'en trouve violemment éjecté par le mouvement centrifuge de la mimésis. On dirait que je crois qu'il existe au centre de ce tourbillon une oasis de calme et d'immobilité, œil de cet ouragan, source et matrice présymbolique de tous les doublons théoriques, et que je pourrai l'atteindre si je concentre bien mes efforts. Tout texte est la promesse d'un autre, et comme pour les promesses que semble faire au voyageur l'horizon vers lequel il avance, et qui naissent en réalité de son plaisir à voyager, cet autre texte — que j'ai nommé pour rire aujourd'hui « cours poème » — dont tout texte contient la promesse, n'est jamais caché derrière lui, mais se trouve en lui, d'où il ne peut naître que d'un contact de lecture, du don d'enseignement — qui le fera disparaître en le réalisant. Car plus je m'en rapproche et plus la fécondité giratoire du texte me repousse à sa périphérie, vers toujours plus de redoublement savant, théorique ou d'érudition. Comme dans l'analyse d'un rêve, un noyau essentiel demeure obscur et réfractaire à tous mes efforts de pénétration, du fait même que ce noyau les repousse et qu'eux-mêmes doivent absolument s'en détourner sous peine d'y sombrer.

Pour guider mes élèves vers le centre, il ne faut pas que je supprime mais passe par toutes les étapes critiques et théoriques, qui ressemblent à celles de la Boddhi dont Claude Lévi-Strauss, à la fin de *Tristes Tropiques*, rappelle qu'elles existent toutes ensemble et que chacune exige quelque chose de moi, une fois que la pensée m'a conduit, par élargissement successif de ma réflexion, jusqu'à l'absence de sens et à la démission mélancolique devant le texte.

Je ne puis parvenir au centre sans concéder quelque effort à chacun des cercles concentriques qui me font graviter loin de lui et qui, tout en me poussant à m'en éloigner toujours davantage, renforcent ma conviction que je devrais au contraire, pour ne pas le trahir, me taire et chercher en moi-même le secret nucléaire de sa poésie. Mais ce centre, une fois que j'aurais rebroussé tous les chemins théoriques qui m'en exilaient, je ne pourrais y demeurer, car il n'existe, bien entendu, pas plus de centre d'un texte que de centre de moi-même. Je m'étranglerais au nœud de ce milieu coulant, la pendaison au centre vaut la constriction théorique. Au centre, totale absorption en soi. Et, du coup, plus de « soi ». La matière aspire l'esprit, et il ne reste plus que cette suffocante — ou mélancolique, ou québécoise, ou moderne — persuasion que tout ce que j'ai tenté jusqu'alors n'a été que mensonge — et mensonge auquel ne correspond aucune vérité, aucune absolution sinon celles que j'obtiendrais par mon impuissance et mon silence. Plus j'interroge un texte de près, et plus en effet il répond de loin. Jusqu'à ce qu'enfin il s'évanouisse, éclate en mille morceaux, c'est-à-dire en autant de carrefours entre deux choses, autant de rapports liés par des « anneaux nécessaires » de « beau style » qu'il peut y avoir de carrefours dans ma mémoire. Nulle part ailleurs je ne me trouverai aussi près du texte, mais alors il n'est plus assez différent de moi pour que je puisse en apprendre quelque chose. Il ne reste que la pure terreur de me confondre avec sa matière – cette « pure matière » à quoi se réduit Charlus enchaîné, ultime objet du désir mélancolique, silence symbolique absolu du texte saignant par tous ses trous sans laisser couler de sens, inimitable singularité d'une mimésis sans reflet, sans autre, sans représentant, enfin sans mensonge. De cette pure vérité, je remonte ; je reparle, je retrace des sources, des brouillons, des états antérieurs du texte, j'enlumine quelques signifiants dont les chaînons espacés forment un texte dans le texte, j'ironise sur l'inconscient du texte, j'articule une proposition de structure, où je retrouve la biographie de l'auteur, l'histoire, la société, la religion, le monde – et puis enfin, providentiellement, la cloche ! Ils s'en vont. Sait-on jamais ce que ça vaut pour eux, tous ces efforts ?

Critique et écriture : faut-il vraiment les distinguer ?

JEANNE DEMERS

Un livre est un miroir. Si un singe s'y regarde, ce n'est évidemment pas l'image d'un apôtre qui apparaît.

Lichtenberg[1]

La critique, on le sait, a connu son ère du soupçon. Bien qu'admise par un Brunetière comme « la contrepartie de tous les autres genres », « leur conscience esthétique », « leur juge[2] », elle a longtemps été traitée en parent pauvre de la littérature. On laissait volontiers s'exprimer ceux qui n'arrivaient pas à « créer », tolérant leur discours comme un mal nécessaire (à cause de sa dimension pédagogique ? du facteur économique ?) et l'opposant le plus souvent à l'œuvre véritable, celle de l'écrivain. Une façon sans doute de se rassurer sur les frontières inquiétantes de l'écriture, toujours susceptibles de remettre en question l'ensemble du système littéraire. Et n'était-ce pas aussi oublier que bien des critiques — un Michel de Montaigne, par exemple, une Germaine de Staël ou, plus près de nous, un Paul Valéry — étaient d'abord des écrivains ?

Cette perception a-t-elle vraiment changé depuis les retombées sur le métadiscours littéraire du développement spectaculaire de la linguistique et de la sociologie ? Autrement qu'en

1. *Lichtenberg. / Aphorismes*, préface de A. Breton, Paris, J.J. Pauvert éditeur, 1966, Premier Cahier 1764-1771, p. 57.

2. *Grande Encyclopédie*, article « Critique ».

apparence, on peut en douter[3]. Tout au plus y a-t-il eu déplacement du soupçon à l'intérieur de la critique elle-même qui en cette fin du XXe siècle paraît avoir du mal à assumer ses nouveaux visages. Quant au fossé écrivain/critique, il a plutôt été creusé dans la foulée de la distinction barthienne écrivain/écrivant. Phénomène d'autant plus paradoxal que de nos jours l'écrivain emprunte plus que jamais la plume du critique qui, à son tour, se découvrant écrivain, traverse volontiers du côté de la fiction.

Faux problème alors que l'antagonisme latent de l'écrivain envers le critique, des critiques entre eux ? Et faux problème le désir du critique de faire sa marque comme écrivain, désir si puissant qu'il force parfois les talents ? Faux problèmes peut-être, mais symptômes non dépourvus d'innocence puisqu'ils provoquent des envies, des mépris, des ostracismes[4] dangereux, des ignorances surtout qui entraînent des pertes d'énergies coûteuses, en particulier lorsqu'elles ont des répercussions dans l'enseignement. D'où l'importance — et l'urgence — de tirer les choses au clair.

Est-ce naïveté d'imaginer y arriver par le biais de la notion d'agent double telle qu'appliquée par Pierre Mertens à l'écrivain-critique : « [l]ittérateur et exégète de la littérature des autres, lecteur de soi et d'autrui ». Outre qu'elle aide à mieux cerner ce qui présentement constitue la critique comme genre, cette notion présente l'avantage de casser le moule antinomique écrivain/critique et son pendant, critique/écrivain :

> Et si l'agent double ne conspirait qu'en épousant les deux faces d'une seule et même cause ? Pourquoi le voudrait-on monomane ? On n'écrit jamais que pour doubler la mise et l'enjeu de la partie. Que pour racheter son ombre perdue. Que pour être hanté par son propre fantôme[5].

Le moule cassé — la donne renouvelée — rien n'empêche de pousser la réflexion de Mertens au bout de sa logique : la critique pour l'écrivain ne constituerait qu'une autre façon de se dire en accord/désaccord avec soi-même ; qu'une autre façon de *s*'écrire, par conséquent de *se* lire. Pour le critique, elle serait une manière parmi d'autres ou, mieux, plutôt qu'une autre

3. Le sous-titre d'un récent cahier de *La Presse* « Les dents de la critique/ Les critiques littéraires : des écrivains frustrés, des aiguilleurs inspirés ou des parasites essentiels ? » (21 janvier 1996, p. B1) — est révélateur à ce sujet en dépit du point d'interrogation.

4. Peut-on nommer autrement la décision de l'UNEQ de créer des classes parmi ses membres auteurs, seuls étant membres de plein droit les écrivains représentant les grands genres : poésie, prose de fiction, essai et textes destinés au théâtre ?

5. *L'Agent double. Sur Duras, Gracq, Kundera, etc.*, Bruxelles, éditions Complexe, « Le Regard littéraire », 1989, p. 12 et 13.

d'aborder l'écriture. Seul le poéticien échapperait à cet effet de miroir et encore : son choix même pourrait n'être qu'un masque...

DES (EN)JEUX INTERDITS DE LA MODE

Dans son roman *Un tout petit monde* qu'Umberto Eco présente comme l'invention du « picaresque académique », David Lodge met en scène un forum sur « La fonction de la critique[6] » dans le cadre d'un colloque universitaire qui réunit à Manhattan le *jet set* littéraire. Tous les poncifs du « campus global[7] » y passent. Le premier intervenant, l'Anglais Philip Swallow, s'en tient à des généralités : la critique a pour fonction de « seconder la littérature » qui permet « de mieux goûter la vie ou de mieux la supporter » ; son rôle consiste à faire connaître les grands écrivains, au-delà des changements que le temps impose à la langue et aux conventions littéraires ; aussi l'enthousiasme est-il la principale qualité de celui qui la pratique avec, cela va de soi, « la passion des livres » et une solide culture historique, philosophique, littéraire.

Ce portrait d'un émule de Sainte-Beuve est écarté sans hésitation – et sans nuances – par le Français Michel Tardieu. La critique n'a pas à multiplier les lectures des œuvres, lectures toujours fondées sur l'interprétation « inépuisable, subjective, invérifiable, infalsifiable ». Il lui faut plutôt en « découvrir les lois fondamentales », bâtir en somme un savoir transmissible à partir de « principes structuraux profonds et des oppositions binaires » des textes du passé et de ceux à venir : « paradigme et syntagme, métaphore et métonymie, mimésis et diégèse, accentué et non accentué, sujet et objet, culture et nature ».

Les prétentions objectives d'un tel discours à caractère scientifique, comme le révèlent les mots « lois fondamentales » et, *a contrario,* « invérifiable », « infalsifiable[8] », se devaient d'être dénoncées par l'approche philosophique de l'Allemand Siegfried von Turpitz. Aux yeux de celui-ci, toute tentative de « tirer une définition des propriétés formelles de l'objet littéraire en tant que tel [est] vouée à l'échec, puisque de tels objets d'art ne jouissent [...] que d'une existence virtuelle tant qu'ils ne se réalisent pas dans l'esprit du lecteur ». Déclaration ponctuée d'un dramatique coup de poing sur la table avec, pour l'originalité toujours séductrice, une « main gantée de noir ».

6. Préface de Umberto Eco, traduit de l'anglais par Maurice et Yvonne Couturier (*Small World*, 1984), Paris, Rivages, 1991, 415 p. Le forum dont il s'agit se situe aux pages 88 et suivantes.

7. L'expression est de Maurice Couturier. *Ibid.*, quatrième de couverture.

8. Ces deux notions constitueraient la preuve par neuf (la garantie ?) du caractère scientifique d'une recherche.

Prend alors la parole la belle marxiste Fulvia Morgana, « époustouflante dans une salopette en velours noir », « tee-shirt en lamé argent » et « bandeau [...] parsemé de perles[9] », pour qui le concept même de littérature, « instrument de l'hégémonie bourgeoise », « réification fétichiste » de valeurs esthétiques élitistes, est périmé. Puis c'est le tour de Morris Zapp, grâce à qui David Lodge décoche une flèche brève mais particulièrement empoisonnée : l'Américain a plus ou moins répété ce qu'il avait dit à un colloque précédent, celui de Rummidge.

Autant d'intervenants, autant de discours fermés, autant de conceptions du métadiscours littéraire qui s'excluent les unes les autres. Suivent quelques questions, tout aussi exclusives et, précise Lodge qui en remet, préparées à l'avance par des congressistes dont la communication n'avait pas été retenue, chacun tenant à faire son petit numéro. De discussion, point, donc rien qui fasse avancer la réflexion commune, jusqu'à la question destinée « à chacun des orateurs » — Que se passerait-il « si tout le monde partageait vos idées ? » — du jeune et naïf poète irlandais Persse McGarrigle. Question scandale reçue par les uns comme idiote, par les autres comme piégée, mais occasion de gloire pour son auteur et que le président Arthur Kingfisher, mandarin reconnu, récupère habilement avant de clore la séance :

> Vous suggérez, bien sûr, que ce qui importe dans le domaine de la pratique critique ce n'est pas tant la vérité que la différence. Si tous les autres étaient convaincus du bien-fondé de vos arguments, ils seraient obligés de faire la même chose que vous et il n'y aurait plus aucun plaisir à le faire. C'est à qui perd gagne. C'est bien cela ?

LA CRITIQUE EN PAGAILLE OU LE ROI EST NU

Si j'ai rapporté aussi longuement cette fiction parodique, c'est qu'elle met au jour mieux que ne saurait le faire la plus savante des démonstrations la problématique de la critique actuelle, diverse tant dans ses présupposés que dans sa praxis et trop souvent sourde au discours de l'Autre. Il est significatif aussi que la question révélatrice de la nudité du roi soit le fait d'un poète. Comme si seul l'écrivain pouvait atteindre à la vérité du réel, les autres, critiques ou professeurs, ne s'en approchant que

9. David Lodge fait la description de chacun des intervenants — veste de cuir pour Michel Tardieu, costume de ville pour von Turpitz, veste sport à carreaux pour Morris Zapp — mais il ne s'agit alors que de créer un effet de réel. L'œil qu'il porte sur les vêtements de Fulvia Morgana est plus critique : ils constituent un mélange savant de simplicité et de luxe qui contredit le discours tenu.

partiellement et en autant qu'ils puissent prendre appui sur des béquilles méthodologiques confirmées (structuralisme pour Michel Tardieu ; théorie de la lecture pour Siegfried von Turpitz ; marxisme attardé – néo-marxisme ? – pour Fulvia Morgana) ou tout bonnement s'en passer (critique traditionnelle de Philip Swallow et paresse intellectuelle de Morris Zapp). Réel qu'il ne faut tout de même pas penser univoque : d'où l'empressement d'Arthur Kingfisher à en rester sur la « très bonne question » de Persse McGarrigle.

Une analyse plus fine de cette théorie-fiction bien de son temps – le roman, en anglais, a paru en 1984, au moment où certains écrivains cherchaient encore à faire le pont entre leur écriture et les tendances théoriques devenues « incontournables » de la critique – montrerait que le discours de chacun porte la trace indélébile des idéologies qui le sous-tendent. Résultat : c'est sûrs d'emprunter la voie royale de la science, donc avec autorité, que Michel Tardieu et Siegfried von Turpitz exposent (imposent ?) leur conception de la critique et se situent par rapport à leurs prédécesseurs. Le discours de Fulvia Morgana, pour sa part, frise le credo ; celui de Morris Zapp est inexistant, nié qu'il est par le non-rapport du narrateur. Quant à la longue élucubration de Philip Swallow qui n'apprend rien à personne, elle se déroule correctement mais sans éclat. À la décharge de l'Anglais : il remplace au pied levé un collègue dont on vient tout juste d'apprendre le désistement.

Le roi est nu : la critique se soucierait davantage de construire sa propre fiction, de personnaliser ses interventions et ses découvertes que de mieux montrer comment lire les œuvres, de mieux saisir leur fonctionnement et les liens qu'elles entretiennent les unes avec les autres. Elle jouerait davantage sur (de ?) la « différence » de ses approches, pour reprendre la formulation que David Lodge met dans la bouche d'Arthur Kingfisher, que sur une recherche commune de « vérité ». Différence moins perçue comme une enrichissante source de diversité que comme une occasion d'incompréhension, de conflits, de terrorismes même. Ce qui expliquerait la réaction d'un Julien Gracq qu'exaspéraient selon Mertens « toutes les formes totalitaires et impérialistes de l'exégèse contemporaines, [...] ukases et mises à l'index que pratiquent si volontiers les inquisiteurs d'aujourd'hui et, plus hypocritement, pions, magistères et parasites[10] ». Réaction qui, soit dit en passant, n'est pas sans rappeler les invectives d'un Rabelais défendant l'entrée de l'abbaye de Thélème aux Sorbonnards – « ... hypocrites, bigotz / Vieux matagotz, marmiteux, borsoufléz / Torcoulx, badaux [...]

10. Pierre Mertens, *op. cit.*, p. 57.

Clers, basauchiens, mangeurs de populaire / Officiaulx, scribes et pharisiens / Juges anciens... » — de son époque.

Que conclure de cette fable-charge contre la critique contemporaine où seul l'écrivain a le beau rôle malgré la naïveté prêtée à Persse McGarrigle, naïveté que nuance à peine la précision de sa jeunesse ? Que le métadiscours littéraire n'a pas sa raison d'être ? De la glose médiévale à la moderne analyse structurale en passant par la critique-lecture traditionnelle, il a pourtant fait ses preuves... Que la critique multiplie ses points aveugles lorsqu'elle utilise une rhétorique univoque et missionnaire ? Cela va de soi, et de soi que tendre à la vérité en littérature est sottise et pure utopie. Que l'institution de la critique a pris le pas sur la critique elle-même et qu'il est temps de redonner la parole à l'écrivain, mieux placé que le critique professionnel — journaliste ou professeur — pour aller à l'essentiel de l'œuvre ? Le bon sens à première vue, mais... Que le pouvoir de la mode existe dans le domaine des choses de l'esprit et qu'il est alors incommensurable ? Qui oserait le nier ? Ou, plus joyeusement, que le rire fait le bonheur de l'homme...

Toutes ces conclusions-questions ont leur mérite. Celle que l'ancien professeur que je suis retient, pragmatique, est plus modeste : Qui gagne et qui perd — dans le maintien des malentendus créés par une telle situation dont le moins que l'on puisse dire est qu'elle rappelle la tour de Babel ? Y gagnent sans doute certains individus ou groupes qui, grâce à ces ambiguïtés, se bâtissent une réputation de novateurs, de chefs de file, alors qu'ils se contentent souvent de réutiliser le déjà-nommé entré dans l'oubli collectif ; quelques écrivains peut-être aussi qui autrement demeureraient inconnus. Rarement la critique, dont il importerait pourtant de préciser les aires d'activité, variables selon ses intentions, les principes qui les informent, ses lieux de parole. Certainement pas les étudiants, lecteurs privilégiés de l'œuvre et relève désignée du métadiscours littéraire, que l'on initie très tôt à distinguer les possibles des différents types d'approche du texte mais pas toujours les contraintes, les limites relatives. Seul est protégé le lecteur profane qui, sûr de n'y rien comprendre, se place lui-même en marge de l'agitation : une fois son gourou choisi, il se laisse paresseusement guider — confort intellectuel garanti — au fil de ses lectures quotidiennes. Protection par le vide et fuite en avant qui sont loin d'être à l'honneur de la critique...

Mais qu'est-ce que la critique ? Et ne suis-je pas entrée de plain-pied dans l'ambiguïté existentielle qui la caractérise de plus en plus, en la traitant depuis le début de ma réflexion comme un tout indissociable ? Indépendamment de la variété des approches — stylistique, psychanalytique, sociologique, pragmatique, etc., et la liste demeure ouverte —, la critique au sens large de métadiscours littéraire couvre au moins deux domaines : celui de la critique proprement dite, entendue comme lecture, et celui de la poétique, dont le rôle est de tenter de découvrir les lois qui régissent les différentes formes qu'emprunte le texte, de nommer ces formes et d'expliquer les phénomènes qu'elles déclenchent. Malgré l'opposition de leur point de vue (subjectif/objectif), la poétique est le domaine en somme des Siegfried von Turpitz et Michel Tardieu de notre fiction, la pratique de leurs collègues relevant plutôt de la critique proprement dite. David Lodge rappelle ainsi que l'enseignement dont l'objet est la littérature se partage, et la plupart du temps de façon sauvage, entre ces deux formes de critique. D'où les fréquentes occasions de conflit.

On en comprendra facilement la raison : cohabitent deux types de discours qui paraissent se repousser. Alors que toute lecture est singulière par définition – n'implique-t-elle pas l'investissement d'un sujet-lecteur dans le décodage d'un texte spécifique, unique ? – la poétique se réclame d'une certaine universalité des phénomènes. Elle porte généralement sur un ensemble de textes, moins pour les lire que pour les appréhender dans leurs ressemblances et leurs différences, que pour en établir et éventuellement en moduler un modèle théorique. Si d'Aristote à Hegel, la question des genres a constitué son objet d'étude par excellence, son champ d'action ne cesse de nos jours de s'élargir. C'est ainsi qu'elle tend de plus en plus à examiner la dynamique installée par les procédés d'écriture plutôt que de s'en tenir à ces procédés eux-mêmes ; qu'elle tend en fait à devenir une théorie des effets. Signe qu'elle a eu raison de rompre avec l'approche historiciste et positiviste du début du siècle, approche dont le réductionnisme constituait un frein important.

OÙ CRITIQUE ET ÉCRITURE SE REJOIGNENT

Le réductionnisme d'une certaine poétique a longtemps servi – et sert malheureusement encore – de plaque tournante aux méfiances et impérialismes de toutes sortes qui cachent mal la peur engendrée chez les uns comme chez les autres par une méconnaissance du travail de chacun. Crainte de ne plus être en mesure de « suivre » pour la critique proprement dite et refus d'un vocabulaire qui, non toujours sans raison d'ailleurs, lui paraît obtus et abusivement utilisé ; rejet par la poétique de toute subjectivité, accusations de pensée magique et de piétinement des connaissances ; faible intérêt sinon désintérêt absolu du côté des écrivains. Méfiances et impérialismes à l'origine d'incompréhensions d'autant plus dommageables qu'elles élèvent des murs et établissent des hiérarchies pernicieuses entre chacune des parties. Comme si faire autre chose ou faire autrement, c'était nécessairement faire mieux ou moins bien ! Comme si les ghettos intellectuels avaient la moindre chance d'être productifs !

Aussi est-il devenu impérieux de mettre au point un métadiscours au deuxième degré, un méta-métadiscours *généreux* qui tente l'examen des relations poétique/critique/écriture. Sans un tel discours, il deviendra de plus en plus difficile de distinguer les responsabilités et les enjeux. Non qu'il y ait lieu de contrôler l'interaction de certaines formes de discours — ce serait détruire les forces vives de l'institution littéraire — mais parce que les passages d'un discours à l'autre étant très fréquents, il importe, ne serait-ce que pour l'efficacité de l'enseignement, de connaître, de *comprendre* le pourquoi, le comment, les aboutissants du phénomène.

Si c'était tout bêtement que poétique/critique/écriture forment une dynamique au service « d'une seule et même cause », comme l'écrit Mertens dont j'élargis la réflexion à l'ensemble du métadiscours littéraire ? Une seule et même cause, la littérature, exploration du Je, de l'Autre, de la société et ses institutions, du temps, de l'espace ; en bref, de l'Univers, microcosme et macrocosme intégrés. Et j'ajoute : ils disposent tous trois d'un moyen commun, la création d'un objet langagier. Ne varient que le mode d'implication du Je qui écrit, le point de départ de son écriture, l'apport plus ou moins grand de l'imaginaire, la distance installée par rapport au texte produit, la destination de ce texte. En somme, tout ce qui différencie l'écriture qui s'invente de celles qui en traitent directement (la critique) ou indirectement (la poétique).

L'écriture qui s'invente relève de l'art. Elle n'a aucune autre contrainte que ce qu'on a nommé l'horizon d'attente du lecteur éventuel, c'est-à-dire la frontière existentielle lisibilité/non-lisibilité. Les événements, réels ou imaginaires, les émotions, les mots constituent sa matière première. Son creuset : le Je avec sa nature et sa culture. L'œuvre, résultat du travail de ce Je, devient à la fois matière première du critique — intermédiaire obligé, après l'éditeur, de l'entrée dans l'institution littéraire — et artefact parmi d'autres aux mains du poéticien qui, en scientifique qu'il est, l'utilisera pour lancer, confirmer ou infirmer une hypothèse.

Cette œuvre, le critique la lira avec plus ou moins de plaisir et à travers le filtre de sa propre manière d'être au monde, de la conception qu'il se fait également de la forme littéraire à laquelle elle se rattache. Et qu'on l'admette ou non, à l'instar de son collègue poéticien, le critique-lecteur sera forcé d'emprunter une approche systématique de type scientifique, la seule capable d'assurer une distance suffisante avec l'objet à l'étude, la seule également qui soit susceptible de contribuer à l'édification d'un savoir sur la littérature.

L'obligation faite au critique de contribuer à l'édification d'un savoir littéraire – obligation que signalait déjà en 1957 le Northrop Frye d'*Anatomie de la critique*[11] – ne l'amène pas automatiquement à théoriser ses découvertes. Son champ d'action se concentrant d'abord sur le sens, la portée, la valeur de l'œuvre soumise à son attention, il a la liberté d'en abandonner les généralisations théoriques au poéticien. Cela dit, le jugement du critique ne s'exercera de manière efficace que s'il possède une vaste expérience culturelle, avec un ensemble de connaissances cohérent et souple, un bagage conceptuel dont les lignes de force rejoignent sa[12] conception de la littérature. Et il n'atteindra vraiment l'œuvre – et son lectorat – que si son écriture se fait recherche ; que s'il rejoint ainsi l'art même de l'écrivain ; que s'il se rapproche enfin de l'image qu'à l'article « Critique » du *Dictionnaire philosophique*, Voltaire se fait de lui :

> Un excellent critique serait un artiste qui aurait beaucoup de science et de goût, sans préjugé et sans envie.

*
* *

Définition utopique ? Le conditionnel peut le donner à penser. Il situe en tout cas la barre bien haut : le critique, un *artiste*, rien de moins. Et le souhait de Voltaire serait toujours partagé, si l'on en croit l'idée fort répandue de nos jours que l'écrivain est le meilleur des critiques. Idée, faut-il le préciser, répandue surtout chez les écrivains, qu'elle sert sans doute un peu. « Je me rends compte une fois de plus qu'il n'y a de véritable critique que parmi les créateurs », d'écrire Marguerite Yourcenar à Gabriel Marcel ; et à l'amie Jeanne Carayon :

> Je me dis parfois que seuls les poètes font de la critique qui va au cœur du sujet [...] ; la plupart des autres tombent dans

11. *Anatomy of Criticism*, Princeton University Press. Traduction française aux éditions Gallimard, 1969. Cf. l'« Introduction polémique », p. 30-32 et p. 19. Northrop Frye y dénonce « les généralités sonores des commentaires, les réflexions inutiles, les éloquentes péroraisons, conséquence inévitable des grands survols sans points de repère ni lignes directrices ». Les listes aussi et classements de toutes sortes, « les appréciations aventurées, sentimentales ou préconçues et tous les menus tuyaux et potins littéraires qui s'efforcent, dans une bourse imaginaire, de faire monter ou descendre le cours des valeurs poétiques ». Seule lui paraît recevable l'« analyse systématique, dont la caractéristique essentielle est une progression continue », qu'on donne ou non à celle-ci le qualificatif de « systématique », de « progressive », ou de « scientifique ».

12. Je dis bien *sa* conception de la littérature, celle-ci étant le résultat d'une subjectivité plus ou moins influencée tant par son époque que par l'histoire. Le poéticien, pour sa part, poursuit une réflexion amorcée par Aristote et qui cherche à transcender le temps en plus d'inscrire la littérature dans l'ensemble du discours humain.

de limitantes formules, et il semble que ce qui est au centre même de l'écrit leur échappe[13].

Notons toutefois les nuances très yourcenariennes : la présence du « Je », le « il semble que », le caractère mouvant que confèrent à l'opinion exprimée les mots « une fois de plus » et « parfois ». Comme si Marguerite Yourcenar mesurait les risques d'une déclaration de principe sur un sujet complexe et auquel elle n'a pas suffisamment réfléchi.

Une telle conception de la critique présente des risques, en effet, et d'autant plus lorsqu'elle débouche, comme c'est trop souvent le cas, sur une sorte de marginalisation de l'enseignement perçu au mieux comme un pis-aller, au pire, comme un obstacle à la création. N'est-ce pas justement la position de Marguerite Yourcenar, qui avoue ne pas parvenir à concilier son « métier de professeur » — dont elle reconnaît tièdement qu'il n'est « point dépourvu d'intérêt intellectuel et humain[14] » — et son « métier d'écrivain » qui constitue sa vie même ?

Point de vue qui confirme qu'écrivain et critique poursuivent une même quête mais des projets différents. Le métier d'écrivain, centripète, exige la solitude, le repli presque schizophrénique sur soi ; celui de critique, et davantage encore celui de professeur, s'appuie au contraire sur un fort désir de partage : il est centrifuge. Aussi le passage de l'écriture à la critique n'est-il souvent pour l'écrivain, c'est un truisme de le dire, qu'une autre manière de *s*'exprimer, de *se* définir. Avec toutes les limites qu'une telle situation peut entraîner tant dans le choix des œuvres recensées que dans la façon de le faire. Le fait que quelques rares individus parmi les plus grands — Vladimir Maïakovski, Philippe Jaccottet, Paul Zumthor, pour ne nommer que ceux-là — soient capables d'embrasser avec succès tout le champ littéraire, écriture, critique, poétique, ne modifie pas vraiment le fond du problème.

Alors que l'écrivain-critique « double la mise » à la recherche de « son propre fantôme » quand il passe par l'œuvre autre, le critique, pour sa part, prétend ne parler que d'elle, tout au moins parler d'elle d'abord, d'elle surtout. Serait-ce que l'œuvre autre lui fournisse un stimulus nécessaire, une clé indispensable à sa propre connaissance ? Il ne saurait *se* dire que

13. *Lettres à ses amis et quelques autres*, Paris, Gallimard, 1995, p. 201 et 464.

14. *Ibid.*, p. 85-86. Dans une lettre à Joseph Breitbach, Marguerite Yourcenar rappelle avoir pu, grâce à Grace Frick, « renoncer temporairement à [son] travail de professeur ». Travail dont elle écrit qu'il n'est « point complètement dépourvu d'intérêt intellectuel ou humain, mais qui s'accorde, du moins pour moi, assez mal avec le métier d'écrivain ». Notons encore ici la nuance apportée par le « du moins pour moi ».

par lecture interposée... Se pourrait-il aussi que même le poéticien, qui cultive pourtant la distance maximale avec son objet d'étude, se serve de ce dernier comme catalyseur d'un exigeante quête de soi ? Qu'il dissimule la recherche angoissante de « son ombre perdue » derrière de savantes constructions de l'esprit ? Que ce soit sa manière à lui d'occulter les compromettants reflets de l'écriture ?

Des réponses à ces questions, en supposant qu'elles soient possibles, provoqueraient peut-être un retour à la définition XVIIIe siècle de l'écrivain :

> Écrivain [...] ne se dit que de ceux qui ont donné des ouvrages de belles lettres, ou du moins il ne se dit que par rapport au style[15]

définition que le temps présent a eu tendance à réduire pour la ramener au seul auteur de poésie ou de fiction. Bien que restrictive (le « ne se dit que »), elle couvrait pourtant tout le domaine des « belles lettres », plutôt large à l'époque, et c'est la notion de forme qui constituait son plancher d'utilisation. Était écrivain qui, indépendamment du sujet traité, arrivait à cerner dans une langue élégante, précise, créatrice une pensée et des émotions originales, à les faire naître, en quelque sorte, au fil de l'écriture. Et, par voie de conséquence, à se mettre soi-même au monde.

Retour heureux s'il devait resituer l'écriture dans le rôle exigeant de quête de savoir que lui prête Deleuze, pour qui c'est justement « sur ce qu'on ne sait pas, ou qu'on sait mal [...] qu'on imagine avoir quelque chose à dire » :

> On n'écrit qu'à la pointe extrême qui sépare notre savoir et notre ignorance ET QUI FAIT PASSER L'UN DANS L'AUTRE[16].

Quête de savoir : quête de soi. Existe-t-il en effet un savoir obtenu par l'écriture qui ne façonne le Je de celui, de celle qui écrit ? Quel que soit le mode choisi...

15. Article « Écrivain » de l'*Encyclopédie ou Dictionnaire raisonné des sciences, des arts et des métiers* de Diderot et d'Alembert.

16. *Différence et répétition*, Paris, P.U.F., « Bibliothèque de philosophie contemporaine », 2e éd., 1972, p. 4.

L'agent simple

FRANÇOISE GAILLARD

C'est un peu comme si j'étais mon propre Bouvard et Pécuchet.

Roland Barthes, à propos du *Roland Barthes par Roland Barthes*, (Seuil, 1975).

Agent double ? L'écrivain qui passe dans le camp, sinon adverse du moins institutionnellement et statutairement opposé, de la critique journalistique ou essayistique le serait-il ? La question a été posée. Agent double. Je dois avouer que je n'aime pas beaucoup cette expression dont Pierre Mertens fit le titre d'un brillant recueil d'essais critiques. Je ne l'aime pas car il entre dans son spectre sémantique autant de duplicité que de dualité. Qu'est-ce, en effet, qu'un agent double ? Inutile d'aller chercher dans notre mémoire de lecteurs de romans d'espionnage, la réponse nous est fournie par Pierre Mertens lui-même, en quatrième de couverture de l'ouvrage que j'évoquais. Un agent double, à l'en croire, c'est quelqu'un qui « se met au service de camps apparemment antagonistes ». On ne peut pas mieux dire que c'est une sorte de traître — de traître à toutes les causes qu'il prétend servir. Et cela ne va pas sans poser problème, car dans la littérature dont ce genre de personnage est le héros, un tel double jeu est le signe d'une totale absence de croyance en des causes ou en des principes, par cynisme ou par nihilisme, ou encore par une sorte d'intelligence supérieure de la vanité des enjeux qui se drapent dans les plis pompeux des mots tels que « causes » ou « principes ». Peu importe le reste. La diversité des motivations de l'agent double ne change rien au profond athéisme que son attitude suppose.

Mais l'écrivain qui se fait critique dans un élan d'admiration ou de haine, de révérence ou d'envie, de fascination ou de frustration ou, plus simplement et plus sereinement, de connivence et de complicité, il agit, lui, par passion — par passion de la littérature, de la sienne comme de celle des autres. Aucun « athéisme » chez lui. Au contraire : un sens aigu de la sacralité de la chose littéraire.

Certes, si l'on s'en tient à la séparation quasi institutionnalisée des fonctions, il change bien de casquette, comme le maître Jacques de la comédie, mais ce faisant, il ne sert qu'une seule cause : celle de la littérature. Tout ce que l'on peut dire de lui, et c'est à son honneur, c'est qu'il la sert *doublement*. Pas en cuisinier et en cocher, non ! Plutôt en cuisinier et en gourmet ; car en s'instaurant critique, l'écrivain ne quitte pas le domaine de son activité propre. La sagesse populaire veut que l'on ne puisse être au four et au moulin, simultanément cela est sans aucun doute vrai, mais successivement ? Qui sait si les boulangers ne feraient pas les meilleurs meuniers pour être confrontés aux problèmes que leur pose la farine dans le pétrissage, dans le levage ?

C'est en quelque sorte en cuisinier qui connaît les difficultés de son art que l'écrivain goûte la sauce des autres et en perce les secrets, là où l'amateur n'éprouve que du plaisir. C'est en lisant quelques-unes des lignes que Marcel Proust a consacrées à l'étude du style de Flaubert que l'on peut mesurer la révolution esthétique accomplie par cette écriture que des critiques de profession jugeaient à la limite de l'incorrection. On se souvient que, sans doute irrité par les remarques grammairiennes et cuistres d'Albert Thibaudet, Proust refeuillette pour les lecteurs de la NRF les premières pages de *L'Éducation sentimentale*. Il s'arrête au tout début. Une phrase le retient. Elle n'offre, à première vue, rien de remarquable : « La colline qui suivait à droite le cours de la Seine s'abaissa, et il en surgit une autre, plus proche, sur la rive opposée. Des arbres la couronnaient » etc[1].

Telle est la vue que l'on a des berges de la Seine quand on se trouve, comme Frédéric, sur un bateau qui remonte le cours du fleuve. Un instituteur un peu exigeant pourrait écrire dans la marge de la copie : « manque de pittoresque ; les verbes sont plats ; l'expression est sèche... » Mais Proust, lui, a compris la raison de cette apparente platitude et l'étonnant effet de sens qu'elle produit :

> Le rendu de sa vision, sans, dans l'intervalle, un mot d'esprit ou un trait de sensibilité, voilà en effet ce qui importe de plus en plus à Flaubert, au fur et à mesure qu'il dégage mieux sa personnalité et devient Flaubert. Dans *l'Éducation sentimentale*, la révolution est accomplie ; ce qui jusqu'à Flaubert était action devient impression. Les choses ont autant de vie que

1. Marcel Proust, « À propos du style de Flaubert », article publié dans la NRF en janvier 1920 et repris dans *Chronique*, Paris, Gallimard, 1928.

les hommes, car c'est le raisonnement qui après assigne à tout phénomène visuel des causes extérieures, mais dans l'impression première que nous recevons, cette cause n'est pas impliquée[2].

Tout Flaubert est là, dans cet impressionnisme qui travaille à dissocier les effets (visuels ou d'une manière générale, perceptifs) des causes. On se souvient de l'écrivain qui au cours de la rédaction de son livre ne cessait de se plaindre, comme s'il était aveugle à la « révolution », pour parler comme Proust, qui était en train de s'accomplir : « Les causes sont montrées, les résultats aussi, mais l'enchaînement de la cause à l'effet ne l'est point. Voici le vice du livre...[3] » Ce n'est pas seulement une vision nouvelle qui s'invente avec Flaubert, c'est un champ d'investigation neuf qui s'ouvre à la littérature, à la littérature telle que la conçoit Proust : l'exploration de l'hétérogénéité entre les impressions perçues et les effets émotionnels produits. Tout Proust est donc là, dans ces quelques remarques à caractère apparemment purement stylistique. Des années plus tard, et dans des conditions que les hasards de l'histoire ont rendu moins sereines, Jean-Paul Sartre, lui aussi, feuillette plus qu'il ne lit *L'Éducation sentimentale*. Il est alors standardiste aux armées, et il tient ce journal intime qui a paru depuis peu sous le titre de *Carnets de la drôle de guerre.* « Que c'est maladroit, et antipathique », ne peut-il s'empêcher de noter. « Ses descriptions ne peignent pas. La phrase est lourde et embarrassée... Platitude des verbes... » Ce dernier aspect de l'écriture de Flaubert l'irrite plus que tout autre. Sartre y revient : « Je note ici quelques exemples de la faiblesse du verbe chez Flaubert...[4] » Suivent les exemples annoncés. Ils mettent tous en évidence une très nette propension de Flaubert à privilégier les verbes ou les tournures passives. Le jugement d'ensemble sur le roman est, comme on peut s'y attendre, cruel :

> Le pire défaut de *L'Éducation sentimentale*, c'est que ce livre peut être lu par un téléphoniste de central, qui lit une phrase, s'arrête, y revient, etc. Il n'y a aucun courant qui risque d'être coupé. J'imagine au contraire que la lecture ininterrompue doit être d'un ennui intolérable. Chaque phrase s'isole et il faut du mal pour se désengluer d'elle et passer à la phrase suivante[5].

Cette condamnation sans appel doit-elle être mise au compte d'une totale incompréhension ? Sartre est-il passé à côté

2. *Ibid.*
3. *Ibid.*
4. Jean Paul Sartre, *Les Cahiers de la drôle de guerre*, Paris, Gallimard, 1983, p. 129.
5. *Ibid.* p. 130.

de Flaubert ? Non, d'une certaine manière tout Flaubert est bien dans ce qu'il dit : dans ces phrases qui s'isolent, dans ces verbes auxquels il est confié la tâche quasi impossible de traduire l'inaction. Mais tout Sartre aussi est là, dans l'impatience et l'agacement du philosophe qui fondera la liberté dans le projet et l'action. Agent double, donc, l'écrivain qui s'improvise critique ? Juge et partie serait en toute logique plus juste, mais juge, l'écrivain ne l'est, comme on vient de le voir, qu'en fonction de la partie qu'il est lui-même en train de jouer. Et c'est pour cette raison, qui devrait l'invalider si l'activité critique prétendait à une quelconque forme de vérité objective, que la critique d'écrivain rencontre au plus juste la littérature.

Le commun des lecteurs le sent d'instinct. Il ne se pose, lui, aucune de ces impertinentes questions sur la valeur de vérité des propos tenus auxquelles l'institution universitaire a longtemps sommé la critique de répondre. Roland Barthes, aux temps offensifs de « la nouvelle critique », avait dénoncé l'illusion d'une telle conception de la vérité dans un essai à caractère de manifeste, dont le titre en dit long : *Critique et vérité*[6].

Ce qu'il attend, au contraire, ce lecteur ordinaire, c'est que l'écrivain qui prend la plume pour juger d'une œuvre se montre partial, injuste, excessif dans l'admiration comme dans la détestation. En fait, il attend surtout qu'il se montre « lui », c'est-à-dire l'écrivain qu'il connaît ou croit connaître. Et de ce point de vue l'écrivain qui se fait momentanément critique, ne le déçoit pas. C'est bien lui, qu'il s'appelle Proust ou Sartre, qui écrit. C'est bien le *même* Proust que celui qui, dans la *Recherche*, confie à la littérature le soin d'y voir clair dans l'émotion suscitée par la vue du reflet rose d'un nuage sur une mare à Tansonville ; c'est bien le même Sartre que celui qui cherchera dans le roman « les chemins de la liberté », ce sont bien eux qui nous parlent de Flaubert. Et la vérité sur Flaubert à laquelle l'un comme l'autre parviennent est d'autant plus forte, d'autant plus juste, pourrait-on dire, que ce n'est pas seulement celle d'un point de vue critique, mais celle qui émane du plus profond d'une vérité qui est celle de leur engagement dans l'écriture. Sans avoir nécessairement la claire conscience que c'est de cela, et de cela seul qu'il s'agit, le lecteur ne s'y trompe pourtant pas. Il sait non seulement que c'est toujours au même écrivain qu'il a affaire, quand, au sortir de la lecture de son œuvre littéraire, il s'aventure dans ses écrits critiques, mais il sait aussi qu'une double découverte l'attend. Il va pénétrer tout à la fois la nature de l'engagement dans la littérature de cet écrivain devenu essayiste, et celle de l'auteur auquel l'essai qu'il lit est consacré.

6. Roland Barthes, *Critique et vérité*, Paris, Seuil, 1966.

Pour parler comme Roland Barthes, la vérité qui se révèle à lui, c'est celle d'*une morale de l'écriture* qui est bien autre chose que ce que recouvrent les mots de « style » ou « d'esthétique ». Or c'est cette morale de l'écriture qui fait la grandeur de la grande œuvre. Mais cette vérité-là est certainement plus immédiatement accessible à ceux qui font partie de la même communauté « morale » : *les écrivains.*

Certes, l'idée communément admise, sans que l'on juge utile de s'en expliquer, que les meilleurs critiques sont des écrivains peut à première vue tenir à de « mauvaises » raisons. Les mauvaises raisons en question pouvant être le transfert de prestige et d'intérêt que suscite une œuvre sur tout ce qui émane de la plume de son auteur, jusqu'aux légendaires notes de blanchisserie. Proust analysant le style de Flaubert ou Sartre nous communiquant sous la forme d'une sorte d'explication de texte son ennui à la lecture de *L'Éducation sentimentale* nous passionnent l'un et l'autre, qu'ils nous irritent ou nous enchantent. À cela rien d'étonnant dira-t-on, puisque justement c'est Proust, puisque justement c'est Sartre ! Mais cette assertion sans appel qui fait reposer tout notre intérêt sur une attitude fétichiste à l'égard des écrivains aimés ou admirés ne rend nullement compte de ce que signifie « c'*est Proust* » ou « c'*est Sartre* », propositions qu'il faudrait, pour les comprendre, traduire en un « c'est *toujours* Proust » ou « c'est *toujours* Sartre ». Nulle identité factuelle n'est visée par de tels énoncés, mais une identité d'ordre presque éthique, ce que nous avons appelé une « morale de l'écriture », et qui est aussi une certaine et même attitude à l'égard du langage. Être le même pour un écrivain, c'est cela, et rien d'autre. Roland Barthes n'a eu de cesse que de le faire admettre à l'institution universitaire. Mais le sens commun nous en avait donné l'intuition. Pour lui, le meilleur critique était l'écrivain. Les travaux de Roland Barthes, ainsi que sa « double pratique » de l'écriture, nous permettent peut-être d'étayer cette évidence. Le meilleur critique est l'écrivain, parce que, précisément, ne se dédoublant pas, l'écrivain ne s'impose aucun interdit sur le langage ; que ce soit dans l'écriture critique ou dans son travail littéraire, sa liberté et son engagement à l'égard du langage restent les mêmes.

Dans ses articles ou ses essais critiques comme dans son travail d'écriture fictionnelle, l'écriture s'installe de la même façon dans le langage, elle s'installe dans l'inconfort productif du dédoublement du langage. Car l'agent double dans cette affaire, c'est le langage. C'est lui le traître à une cause, celle du sens unique que prétend servir la critique classique. En matière de langage, la duplicité s'appelle symbolie. Et cela Roland Barthes l'a très vite compris. Dès *Critique et vérité*, il insiste, « Pour être subversive, la nouvelle critique n'a pas besoin de juger, il lui suffit de parler du langage, au lieu de s'en servir[7] ». Parler du langage pour lui, ce n'est pas seulement en manifester la duplicité, c'est aussi, et de la même façon que pour l'écrivain, y loger son dire. Parler du langage, c'est parler au sein du langage et donc reconnaître sa nature symbolique en même temps que la nature linguistique du symbole, bref, c'est *passer du côté des écrivains*.

« Écrire, dit encore Roland Barthes, c'est engager un rapport difficile avec notre propre langage. » Le critique qui s'expose doublement au risque que lui fait courir la duplicité du langage, *écrit*. Il est de plein droit écrivain car il fait cause commune avec celui à qui l'on réserve traditionnellement ce titre. À l'heure où la prise de conscience sur le dédoublement du langage affecte la paroi discursive elle-même, la distinction entre écrivain et critique (je ne parle pas ici des « écrivains », non touchés, eux, par cette prise de conscience) n'est plus du tout claire sans pour autant que les postures se confondent. Car en matière d'écriture, on sait que l'important n'est pas la prétention de statut, mais, pour reprendre la belle expression de Roland Barthes, l'« intention d'être ». Être écrivain à l'âge de la nouvelle critique, ce n'est pas une question de posture, mais une affaire de morale, de morale du langage.

« Est écrivain celui pour qui le langage fait problème, qui en éprouve la profondeur, non l'instrumentalité ou la beauté. » Est donc écrivain le critique qui engage sa lecture comme son écriture à une responsabilité de la forme, conscient qu'une seule et même vérité se cherche, commune à toute parole, qu'elle soit fictive, poétique ou discursive, parce qu'il sait désormais qu'elle est la vérité de la parole même. Pour Roland Barthes, de même que le langage est la matière même de la littérature – ce que, prétend-il, les écrivains n'ont cessé de reconnaître –, de même le langage est la matière même du discours critique. Alors le critique ne serait plus un agent double mais un agent du redoublement de la symbolique langagière ? Non, je ne crois pas que l'on puisse interpréter ainsi la pensée barthésienne. Ce qu'il cherche à affirmer, c'est qu'il y a une même prise de risque dans la parole critique et dans la parole littéraire. Et l'acceptation de ce risque, qui va jusqu'à la solitude du langage critique, a bouleversé tout le champ des sciences humaines. Roland Barthes en veut pour exemple Jacques Lacan, dont il nous dit qu'il a substitué « à l'abstraction traditionnelle des concepts une expansion totale dans le champ de la parole de façon qu'elle ne sépare plus l'exemple de l'idée et soit elle-même vérité[8] ».

7. *Ibid.* p. 14.
8. *Ibid.* p. 48.

Mais le meilleur exemple, c'est encore Roland Barthes lui-même, ce qui justifie l'entreprise du *Roland Barthes par Roland Barthes,* œuvre non de dédoublement, mais témoignage de profonde unicité de l'écriture, disons première et seconde, puisque l'on ne peut pas à proprement parler d'une écriture littéraire sur laquelle viendrait se greffer une écriture critique. L'unicité d'une écriture totalement engagée dans son rapport au langage, *et si c'était cela la littérature* ?

Pour moi, il ne fait pas de doute qu'est poétique tout discours dans lequel le mot induit l'idée. Poétique est donc la parole de Jacques Lacan. Poétique, au même titre, est donc l'écriture de Roland Barthes. Cette écriture où le mot emporte dans le sillage de son charme toute une réflexion. Ce charme, le mot ne le doit ni aux associations phoniques qu'il permet, ni à la rareté sémantique qui excite l'esprit, non, il le doit à l'envie toute sensuelle, tout érotique qu'il donne de faire un bout de chemin avec lui. « Le mot m'emporte selon cette idée que je vais faire quelque chose avec lui : c'est le frémissement d'un faire futur, quelque chose comme un appétit. Ce désir ébranle tout le tableau immobile du langage. » Ce mot dont le désir qu'il suscite ne tient pas aux perspectives qu'il ouvre (littéraires par ses assonances musicales, critiques par ses résonances intellectuelles) mais à une affinité substantielle avec l'imaginaire corporel où se forment les goûts et des dégoûts, ce mot a une réalité charnelle. C'est ce qui en fait un opérateur d'écriture. Tout le corps, siège pour Roland Barthes de l'imaginaire, s'y trouve engagé... Et l'œuvre de Roland Barthes, considérée comme une œuvre théorique et critique, s'avère l'une des plus subtiles et des plus retorses mises en scène de l'imaginaire. Une écriture d'écrivain somme toute, ou plutôt, pour mettre un terme à une distinction que l'exemple de Roland Barthes abolit, une écriture tout : *une écriture.*

Usant du langage selon la vérité de la parole, Roland Barthes est un écrivain. Le voilà donc autorisé à dévoiler les ressorts de sa poétique : un imaginaire qui transite et cristallise dans le mot. « [...] j'ai des idées *à même la langue*[9] », nous avoue-t-il. Mais ce faisant il déjoue le piège de l'agent double dans lequel on pourrait l'enfermer. Car la leçon de sa poétique est qu'écrire est un verbe intransitif qui ne requiert qu'un seul impératif, l'engagement total dans la langue, à la cuisine comme à table. Pour qui a épousé la cause de la langue, il n'y a pas de séparation des rôles, il n'y a pas d'opposition des camps, il n'y a pas de place pour des agents doubles, car la guerre froide est terminée.

9. Roland Barthes, *Roland Barthes par Roland Barthes*, Paris, Seuil, 1975, p. 88. Les italiques sont de Barthes.

Meilleurs critiques ? Oui les écrivains le sont, parce que la responsabilité à l'égard de la langue leur est devenue une seconde nature.

L'auto-théorisation d'un romancier : Serge Doubrovsky

RÉGINE ROBIN

> *Un homme fait le projet de dessiner le monde. Les années passent : il peuple une surface d'images de provinces, de royaumes, de golfes, de navires, d'îles de poissons [...] Peu avant sa mort, il s'aperçoit que ce patient labyrinthe de formes n'est rien d'autre que son portrait.*
>
> Jorge Luis Borges[1]

Dans un ouvrage récent, Guy Scarpetta veut rendre à la critique toute son ampleur, c'est-à-dire « tout bonnement l'art d'avancer, à propos de livres actuels, un jugement de valeur appuyé sur une compréhension en profondeur des œuvres, et sur une véritable argumentation[2]... » Il s'agissait, à l'opposé du journaliste pressé, de prendre le temps de lire, de méditer, de comparer, de pouvoir faire le tri dans la prolifération des publications. Dans sa réflexion, il ne manquait pas de remarquer qu'à une époque qui manque de « passeurs » entre le romancier et le lecteur, ou entre l'écrit universitaire pointu sur l'œuvre et l'œuvre elle-même, les écrivains sont devenus critiques et théoriciens :

> [...] car il m'est bien arrivé de lire récemment de grands textes critiques : ceux par exemple d'Octavio Paz (sa « somme » sur Juana Inès de la Cruz), de Milan Kundera (*L'Art du roman,*

1. Citation tirée de *L'Auteur et autres textes (El Hacedor),* cité par Christian Grau, *Borges et l'architecture,* Paris, Centre-Georges Pompidou, 1992, p. 43.
2. Guy Scarpetta, *L'Âge d'or du roman,* Paris, Grasset, 1996, p. 11.

Les Testaments trahis), de Carlos Fuentes (*Le Sourire d'Érasme*), de Danilo Kish (*Homo pœticus*), de Pierre Mertens (*L'Agent double*), de Juan Goytisolo (*L'Arbre de la littérature*), de Salman Rushdie (*Patries imaginaires*), de Philippe Sollers (*La Guerre du goût*). Or, ce qui saute aux yeux, c'est que ces textes ne proviennent pas de critiques proprement dits, mais d'écrivains[3].

Les écrivains (on pourrait d'ailleurs allonger la liste de Sartre à Calvino en passant par Nabokov) auraient-ils une façon bien à eux de faire de la critique, de parler du roman s'ils sont romanciers ?

Ce dont nous voudrions traiter ici, en prenant un exemple particulièrement éclairant, a trait au va-et-vient qu'un écrivain organise entre son œuvre de fiction, son autobiographie ou son autofiction, et son travail théorique, qui est la plupart du temps une auto-théorisation ou une mise en rapport entre un autre écrivain qui est l'objet de son analyse et son propre travail d'écrivain, entre sa propre fiction et le cadre épistémologique dans lequel il se situe, entre sa propre écriture et une conceptualisation directe ou indirecte de celle-ci. Mieux même. L'écriture aujourd'hui est largement *métafictionnelle*. C'est même souvent à l'intérieur de l'œuvre que l'explicitation, l'auto-théorisation se mettent en place. Un exemple va me retenir dans le cadre d'une mise en scène de soi d'un type particulier qu'on appelle l'*autofiction*, mise en pièces de l'autobiographie de la part d'un écrivain tout en récupérant de celle-ci la plupart des topoï : Serge Doubrovsky. Autofiction : il s'agit d'un terme forgé par Serge Doubrovsky pour désigner un type d'écriture de soi qui se démarquerait de l'autobiographie telle qu'elle avait été redéfinie par Philippe Lejeune dans son *Pacte autobiographique :* « récit rétrospectif en prose qu'une personne réelle fait de sa propre existence lorsqu'elle met l'accent sur sa vie individuelle, en particulier, sur l'histoire de sa personnalité[4] ». Dans sa réflexion sur l'autobiographie, Philippe Lejeune s'interroge :

> Le héros d'un roman déclaré tel peut-il avoir le même nom que l'auteur ? Rien n'empêcherait la chose d'exister, et c'est peut-être une contradiction interne dont on pourrait tirer des effets intéressants. Mais dans la pratique, aucun exemple ne se présente à l'esprit d'une telle recherche[5]...

Serge Doubrovsky, s'interrogeant sur ces « cases aveugles » identifiées par l'inventaire de Philippe Lejeune, s'aperçoit que son roman *Fils*[6] correspond parfaitement à ce cas de figure.

3. *Ibid.*, p. 25.
4. Ph. Lejeune, *Le Pacte autobiographique*, Paris, Seuil, 1975, p. 14.
5. *Ibid.*, p. 31.
6. Serge Doubrovsky, *Fils*, Paris, Galilée, 1977.

Sur la quatrième de couverture de *Fils*, Serge Doubrovsky dit encore :

> Autobiographie ? Non. C'est un privilège réservé aux importants de ce monde, au soir de leur vie et dans un beau style. Fiction d'événements et de faits strictement réels ; si l'on veut autofiction d'avoir confié le langage d'une aventure à l'aventure du langage, hors sagesse et hors syntaxe du roman, du traditionnel ou nouveau.

Plus tard, il définit le nouveau genre qu'il institue : « L'autofiction, c'est la fiction que j'ai décidé en tant qu'écrivain de me donner de moi-même, y incorporant, au sens plein du terme, l'expérience de l'analyse, non point seulement dans la thématique mais dans la production du texte[7] ».

L'autofiction serait un type d'autobiographie éclatée tenant compte de l'apport de la psychanalyse, de l'éclatement du sujet, de l'écriture comme indice de fictivité, tout en respectant les données du référent. Ce nouveau type d'autobiographie, cette autofiction sera fragmentaire, sans visée unificatrice. Prise dans l'imaginaire, elle connaît ses limites et en joue dans tous les sens du terme. Alain Robbe-Grillet posait le problème de la façon suivante :

> Peut-on nommer cela, comme on parle de Nouveau Roman, une Nouvelle Autobiographie, terme qui a déjà rencontré quelque faveur ? Ou bien, de façon plus précise – selon la proposition dûment étayée d'un étudiant – une « autobiographie consciente », c'est-à-dire consciente de sa propre impossibilité constitutive, des fictions qui nécessairement la traversent, des manques et apories qui la minent, des passages réflexifs qui en cassent le mouvement anecdotique, et, peut-être en un mot : consciente de son inconscience[8].

Dans tous ses romans, de *Fils* à *L'Après vivre*, en passant par *Un amour de soi* et *Le Livre brisé*, Serge Doubrovsky se met en scène, travaille à l'édification de sa propre statue même si le scandale doit s'ensuivre, opère un travail de réassurance narcissique même lorsqu'il se présente comme un chantier de démolition du moi. Doubrovsky s'invente à plusieurs reprises soit des notices nécrologiques, soit des biographies. Parmi ces dernières, je ne retiendrai que celle du *Livre brisé*. Elle serait trop longue à citer *in extenso* puisqu'elle occupe presque deux pages du livre. En voici le début et la fin :

7. Serge Doubrovsky, « Autobiographie/Vérité/psychanalyse », *L'Esprit créateur*, vol. XX, n° 3 (1980), repris dans *Autobiographiques de Corneille à Sartre*, Paris, Presses universitaires de France, 1988, p. 77.

8. Alain Robbe-Grillet, *Les Derniers Jours de Corinthe*, Paris, Minuit, 1994, p. 17.

> 22 mai 1928 – Naissance à Paris, dans une clinique du IXe arrondissement, de Julien (en souvenir du cousin tué aux Dardanelles) Serge (pour quand il serait violoniste ou écrivain) Doubrovsky, fils d'Israël Doubrovsky, tailleur d'habits, et de Marie-Renée Weitzmann, sans profession (on appelait alors « sans profession » une femme qui avait exercé les fonctions de secrétaire et d'assistante de direction dans plusieurs cabinets d'affaires, dont un d'avocat international, et qui avait inventé une nouvelle méthode de sténo anglaise). Ses parents habitent 40, avenue Junot. [...]
>
> 1937-1939 – Les événements extérieurs, accords de Munich, invasion de la Tchécoslovaquie, pacte germano-soviétique, défaite des républicains espagnols, prennent le pas sur les incidents de la vie familiale. L'Histoire avec un grand H domine et efface les petites histoires.
>
> 1940-1944 – Période insituable, intemporelle, détachée du reste, qui forme comme un no man's land, un tout d'éternité, au cœur d'une vie. Occupation. Juif. L'étoile jaune. Cachés, sauvés, sa famille et lui, par l'extraordinaire dévouement d'une famille française. (*Le Livre brisé*, p. 260)

L'auteur ajoute :

> Cela, c'est une vie d'homme illustre, pour bibliothèque de la Pléiade. Mais il faut quand même l'étoffer. Proust a eu les deux gros, somptueux volumes de Painter. Je ne serai jamais servi que par moi-même. L'autre modèle, suprême, sublime, alors c'est Sartre. Si j'essayais, comme dans *Les Mots,* de ressaisir non pas le cours, mais l'âme d'une enfance, la mienne, qu'est-ce que je dirais ? Qu'est-ce qui me viendrait au cœur, à l'esprit en premier lieu ? Pour préciser, quelle serait la tonalité de ma mémoire ? Au sens où Combray, resurgi de la madeleine, emplit le narrateur proustien d'un intemporel bonheur. Au sens où une phrase déchirante de Sartre éclaire soudainement toute sa démarche : *et puis le lecteur a compris que je déteste mon enfance et tout ce qui en survit.* Entre ces deux pôles extrêmes, entre béatification et mise à mort, où suis-je ? Est-ce que j'aime, est-ce que je déteste mon enfance ? Et si je dis : entre les deux, qu'est-ce que cela veut dire ? (*Ibid.*)

On reviendra sur Proust et Sartre.

L'œuvre de Serge Doubrovsky est en même temps celle d'un universitaire et d'un théoricien de la littérature. Après une thèse consacrée à Corneille et un livre qui, en son temps, compta beaucoup pour renouveler la critique et l'approche des œuvres littéraires : *Pourquoi la nouvelle critique,* Doubrovsky consacra des articles et des livres, non seulement à l'autobiographie et à l'autofiction, mais également à Proust et à Sartre. Ces derniers se retrouvent dans l'œuvre, non seulement dans son aspect métafictionnel, mais comme objets de réflexion intégrés à la diégèse, voire aux dialogues. Ce sur quoi nous voudrions insister ici, c'est sur le rapport entre la fiction et le cadre théorique élaboré par Serge Doubrovsky. L'œuvre parle abondamment de la psychanalyse, met en scène une psychothérapie en face à face qu'il a faite pendant de longues années avec un psychanalyste new-yorkais bien connu, le docteur Akeret. D'ailleurs, ce docteur Akeret devient le sujet d'une nouvelle publiée dans le quotidien *InfoMatin* le 28 juillet 1994, intitulée : « Échanges ». Dans cette nouvelle, Serge Doubrovsky nous fait part d'une demande stupéfiante de la part de son ancien psychanalyste. Ce dernier a décidé de rencontrer quelques-uns de ses patients une vingtaine d'années plus tard afin de savoir ce qu'ils sont devenus, ce qu'ils pensent et peut-être même ce que leur psychanalyse leur a donné. Doubrovsky le reçoit chez lui. Un drôle de dialogue s'installe à travers toutes ces années de silence, et au détour, le psychanalyste lui renvoie une phrase qui a accompagné son analyse : *You won't change if you don't want to change.* Vient alors, dans le cadre de ce texte court, une profession de foi.

> Ma vie, je n'ai pas voulu la changer, je l'ai échangée contre l'écriture, bien sûr, on peut créer des fantômes imaginaires, en peupler des romans, moi, ma vie est mon roman, je suis mon propre personnage, mais ma personne, c'est lui qui me l'a fait découvrir, contradictions intimes, vices de construction quintessentiels, tout l'inconscient qui palpite, lui qui m'a rendu à moi-même intéressant, par lui que je suis pour moi devenu romanesque, voilà ce que je suis devenu, après seize ans une vie en papier imprimé, existe en Poche, on peut acheter des morceaux pour quarante francs, seulement voilà, un fait, un effet pervers, pour qu'on m'achète, les gens comme les peuples heureux n'ont pas d'histoires, il faut que mon histoire soit malheureuse, si je veux écrire, condamné aux souffrances à perpétuité, peux pas empoisonner la Bovary, faire monter sur l'échafaud Julien Sorel, lorsque mon personnage paie, c'est moi qui casque, je dis *yes psychoanalysis did something for me, it enabled me to write*, il dit, *it's something*, oui, c'est quelque chose, l'analyse m'a permis d'écrire, mon vœu primordial, date d'avant-moi, venu de ma mère, pour quarante-cinq dollars l'heure des années, rien de gratuit tout a son prix, j'ai appris à jouer à qui perd gagne, déjà ça, je lui refile ma névrose, ne l'a pas guérie, il en a fait un filon, pour moi, pour lui, on l'exploite de concert, pas un instant de mon mal être délivré, lui et moi on en sort des livres[9]...

9. Serge Doubrovsky, « Échanges », *InfoMatin*, 28 juillet 1994, p. 21. Notons que le psychanalyste sortit en effet un livre dans lequel un chapitre est consacré à Serge Doubrovsky sous un faux nom mais qu'on reconnaît très facilement. Il s'agit de Robert K. Akeret, *Tales from a Traveling Couch. A Psychotherapist Revisits His Most Memorable Patients*, New York, W. W. Norton, 1995. Après quoi, Serge Doubrovsky réagit lors d'un colloque consacré à l'autobiographie en septembre 1995, peu satisfait du portrait que ce psychanalyste avait fait de lui. Une affaire sans fin qu'on retrouvera peut-être soit dans le prochain roman de Serge Doubrovsky, soit dans une œuvre théorique ou critique.

La psychanalyse lui a permis de devenir pleinement écrivain, mais la psychanalyse est mise en scène, écrite, mise en métadiscours, mais aussi théorisée dans des articles et des ouvrages théoriques. Jean-François Chiantaretto a bien montré, à partir de *Fils,* comment l'aller et retour se fait de la fiction à l'auto-interprétation, à l'auto-théorisation[10]. Je ne reprendrai pas ici sa magistrale démonstration, je ne garderai que les propos qui me semblent indispensables à ma démonstration. Ma visée n'est pas d'effectuer une lecture psychanalytique de l'œuvre, mais de montrer comment la fiction éclaire la métafiction et la théorie, et réciproquement, comment l'approche théorique s'adosse à du biographique, du fantasmatique.

Dans le premier roman qui met en scène la psychanalyse, *Fils,* Serge Doubrovsky a recours à un étrange montage. Le roman mime une séance d'analyse avec les phrases de l'analysant et celle de l'analyste, en anglais, et en italique les propos de l'analyste directement repris par le narrateur, et le tissage d'images entre ses rêves et le cours sur Racine qu'il doit préparer. Ce dispositif, très original, va permettre à l'identité auteur-narrateur-personnage de jouer à plein dans la coïncidence mais, en même temps, dans une conscience de cette impossible superposition. D'où le thème de l'entre-deux et du dédoublement, de l'impossibilité de trouver sa place, que ce soit dans la filiation ou ailleurs, de trouver une place :

> MA PLACE N'EST JAMAIS LA MIENNE. J'existe. LÀ OÙ JE NE SUIS PAS. Là où je suis. J'EXISTE PAS...
>
> Quoi qu'on fasse. Il faut toujours REGRETTER L'INVERSE. Si on est un, on se mutile. Être multiple, on se disperse. Faudrait pouvoir désirer tout. À la fois, ensemble. Pour se sentir exister. Y a d'existence. Que TOTALE. Une existence complète. N'existe pas. Le présent, du fragmentaire. Les instants sont successifs. On est par parcelles. Pour être ENTIER. Faut vouloir être. CE QUI VOUS MANQUE. Normal. C'est logique. EN MÊME TEMPS QUE CE QU'ON EST. Vie réelle. Moitié de vie. Veux L'AUTRE MOITIÉ. Elle est. DANS L'IMAGINAIRE. J'ai donc pas de place réelle... J'EXISTE PAS. JE CO-EXISTE. Mon corps gît en Amérique. Là que je bouffe. Y ai ma croûte. Mes livres sont quelque part en France. Là que je suis. Aussi en même temps. En idée. Non pas quand je suis en France. Là, je vais voir *Midnight Cowboy.* Aux Français, je parle d'Amérique. À Paris, j'évoque New York. Ma patrie c'est la France imaginaire. La réelle, par définition, j'y suis jamais. PEUX PAS Y ÊTRE. Interdite. *Aux Juifs et aux chiens.* Pendant la guerre. Avant la guerre, rue de l'Arcade, 39. Je disparais dans mon enfance. Je reparais. Où.

10. Jean-François Chiantaretto, *De l'acte autobiographique,* Paris, Champ Vallon, 1995.

> Sais pas. C'est pas réel. Là où je suis. Sans importance. Le réel. C'est JAMAIS RÉEL[11].

Ce sentiment d'être en manque de place et de n'être jamais à sa place se double de celui de pouvoir occuper toutes les places, en l'occurrence, en ce qui concerne la relation psychanalytique, d'être à la fois le patient et son propre analyste, d'expulser la position de l'analyste, l'essentiel de la relation analytique, c'est-à-dire le transfert. Être un être fictif, vivant entre Paris et New York, utilisant sa vie comme matériau pour l'écriture permet à l'analyse d'être au centre d'une opération d'auto-interprétation et d'auto-théorisation. Jean-François Chiantaretto le formule en ces termes :

> *Fils* montre-t-il le mouvement auto-interprétatif du narrateur-analysant, qui buterait dans sa cure sur le sentiment d'être fictif, c'est-à-dire sur la fixation à un registre de toute-puissance le privant d'un véritable accès à l'altérité ? Auquel cas, dans la séquence du cours sur Racine, le narrateur analysant ruserait par une latéralisation du transfert sur Racine. Ou bien *Fils* est-il à lire comme une exhibition-démonstration de la maîtrise toute-puissante de l'auteur, qui ferait œuvre d'un transfert dans et par l'écriture ? Il y aurait alors un bouclage qui définirait l'autofiction comme *la mise en fiction d'un auto-témoignage sur le sentiment d'être fictif ressenti par l'auteur*[12].

Être fictif dans la vie même ne va pas sans un fantasme de toute-puissance et d'auto-engendrement qui permet d'occuper toutes les places, non pas, classiquement, dans la fiction, mais dans ce type de dispositif qui permet de se transformer soi-même en personnage de fiction[13]. Si l'on sort du domaine de l'autofiction pour s'attacher aux articles théoriques de Serge Doubrovsky, on va trouver une remarque qui demande que l'on s'y arrête et qui est tout à la fois générale et centrée sur sa propre écriture :

11. Serge Doubrovsky, *Fils, op. cit.*, p. 256-257.

12. Jean-François Chiantaretto, *De l'acte autobiographique, op. cit.*, p. 167.

13. Il y aurait un parallèle à établir entre Samuel Beckett et Serge Doubrovsky, dans leur relation à la psychanalyse et à la fiction. On sait que Samuel Beckett interrompt sa psychanalyse en 1935 avec un sentiment d'échec. Son œuvre sera alors de mettre en figures ce sentiment. Didier Anzieu a analysé cette trajectoire dans *Beckett et le psychanalyste,* Paris, Mentha, 1992. Le passage suivant de Didier Anzieu montre bien toute la distance qui sépare Beckett et Doubrovsky, au-delà de ce sentiment intime « d'être fictif » : « [...] dans l'auto-analyse beckettienne, le psychanalyste est physiquement absent, psychiquement présent, il est la voix qui commande de parler vrai, de parler de soi par le biais d'histoires qu'on invente, de laisser la voix libre de ses paroles » (p. 113). Mais, précisément, l'autofiction de Serge Doubrovsky n'est pas une auto-analyse, même si ce type de dispositif de mise en scène de soi peut avoir des effets thérapeutiques.

> Avec, toutefois, cette différence : que si la contradiction à la longue insupportable fait entrer le sujet schizé en analyse (mettant, pour employer la terminologie proustienne, le « héros » du récit en position d'analysant), le « narrateur », lui, dans le repérage du champ, se met à la place de l'analyste. L'instance scripturale délègue les rôles, conduit les répliques, maintient les associations en liberté surveillée, bref mène le jeu. Voilà répercutée, au lieu même où il tente de la « guérir » ou, de la « résoudre », la fracture même du sujet, la double postulation contraire de son désir : occuper simultanément deux places antithétiques... En un cercle curieusement vicieux, sous le prétexte ou mieux, sous le couvert de relater son expérience analytique, elle évite au sujet d'affronter la castration, affrontement dont la nécessité l'avait justement conduit en analyse[14]...

Surmonter l'expérience de la castration, c'est bien là toute la tentative fictionnelle de l'autofiction doubrovskienne et le discours d'escorte dit clairement ce qu'il en est. Occuper toutes les places, celui de l'analyste comme celle du patient, rester le maître du jeu, déployer toutes les possibilités de la fonction poétique du langage au sens que Jakobson donnait à ce terme, travailler au plus près du signifiant dans une écriture « consonantique », c'est bien là, développée dans la fiction et théorisée dans les écrits universitaires, l'auto-théorisation de l'auteur.

Pour effectuer cette opération, Doubrovsky trouve des alliés de taille auxquels il consacre nombre d'écrits et avec lesquels il entretient des rapports de filiation imaginaire très puissants : Proust et Sartre.

Non seulement le titre *Un amour de soi* est-il construit sur *Un amour de Swann,* mais le personnage de Proust ou de l'identification du narrateur-personnage à Proust sont inscrits en clair dans les dialogues entre le narrateur et sa maîtresse Rachel qui lui envoie en pleine figure la remarque suivante :

> Tu as réponse à tout. Mais tu n'as pas l'air de t'apercevoir du rapport entre la mégalomanie de ton projet d'écrivain et celle de son style de vie ! Comment ne vois-tu qu'en te prenant pour Proust, ou en prenant le lecteur pour ta mère et/ou ton analyste, en te passant toutes les complaisances, tu as nui à ton roman, tout comme tu as nui à notre vie, en pensant que tu étais Marcel, et moi ta mère[15].

Au moment où il écrit *Fils,* Serge Doubrovsky entreprend aussi son essai littéraire sur Proust. Or, on note d'étroits rapports

14. Serge Doubrovsky, « Autobiographie/Vérité/psychanalyse », *loc. cit.*, p. 70-71.

15. Serge Doubrovsky, *Le Livre brisé,* Paris, Grasset, 1989, p. 333-334.

entre le texte autofictionnel et le texte théorique[16]. Dans son travail sur Proust, Doubrovsky insiste sur les fantasmes d'auto-engendrement qui traversent l'œuvre, ce désir inconscient d'être à la source de son être en supprimant la mère. Tout rapproche *Fils* de la *Recherche*, sa composition musicale, son rythme, ses analogies, et jusqu'à la recherche d'une *place, d'un lieu qui soit une place* dans les deux cas. Dans les deux œuvres, c'est la mémoire qui est au travail, une mémoire fallacieuse ; dans les deux cas, l'œuvre est un semblant d'anamnèse, et d'une certaine façon, les deux textes tracent une homologie de l'acte de remémoration en analyse[17]. Dans les deux œuvres, le problème de la scission du sujet, du statut problématique du narrateur se pose avec insistance. Je/Marcel/Proust et Je/Julien/Serge Doubrovsky. L'identification ne pouvait pas être plus forte.

On n'insistera jamais assez par ailleurs sur le rôle joué par Sartre pour la génération de Doubrovsky et l'influence personnelle du grand philosophe sur ce dernier. Ce rôle est particulièrement mis en scène dans *Le Livre brisé.* Le narrateur est en train de préparer un cours sur Sartre, il lit de près *Les Mots,* texte qui se veut une autobiographie de Sartre. Sartre, c'est lui et lui, c'est Sartre :

> Sartre, pour moi, n'est pas n'importe quel grand écrivain. C'est moi, c'est ma vie. Il me vise au cœur, il me concerne en mon centre. Corneille, Racine, après trois siècles, ne sont plus personne. Des œuvres sans auteur, des mythes. J'adore en eux des fantômes. Proust, ses duchesses, déjà enterrées avant ma naissance. J'ai remâché avec joie sa madeleine, je lui dois d'infinis bonheurs tardifs. Mais Sartre. Ses livres ont jalonné mon existence. *La Nausée,* je l'ai dans l'édition pourpre d'après-guerre. *L'Être et le Néant,* sur papier jauni, presque journal. Ses bouquins m'ont éclairé à mesure, guidé comme des phares... Il m'a donné ses lumières[18].

Mais précisément, ce sont *Les Mots*, parce que texte autobiographique, qui vont permettre l'auto-théorisation. À propos des *Mots* et de l'entreprise autobiographique sartrienne, Doubrovsky va pouvoir, en identifiant son projet à celui de Sartre, redéfinir ce qu'il entend par autofiction :

16. Voir l'article de Marie Miguet, « Critique/autocritique/autofiction », *Les Lettres romanes,* vol. XLIII, n° 3, 1989, p. 195-208.

17. Marie Miguet, cependant, met l'accent sur un point absolument capital, le rôle attribué à la mère dans *Fils* et dans *La Place de la madeleine.* Alors que cette mère castratrice est absolument dévalorisée dans l'œuvre théorique, dans la fiction cette mère idéalisée est presque à la source de la vocation littéraire de son fils.

18. Serge Doubrovsky, *Le Livre brisé, op. cit.,* p. 71.

> L'existence n'est pas du même ordre que le discours. Sartre le dit dans *La Nausée* : *il faut choisir : vivre ou raconter.* C'est l'un ou l'autre, pas sur le même plan, le même registre. Vous direz : on peut choisir de raconter sa vie. Ça s'appelle une autobiographie. *Les Mots* sont l'autobiographie de Sartre. Voilà, c'est simple. Voire. Quand on se raconte, ce sont toujours des racontars. On parle d'histoires vraies ; les événements se produisent dans un sens et nous les racontons en sens inverse. Autobiographie, roman, pareil, le même truc, le même truquage : ça a l'air d'imiter le cours d'une vie, de se déplier selon son fil. On vous embobine... À cet égard, une autobiographie est encore plus truquée qu'un roman[19].

La réflexion sur *Les Mots* est un véritable auto-commentaire sur le bien-fondé de l'autofiction et le leurre de l'autobiographie. On sait que dans *Les Mots*, l'ordre du récit implique un double système, celui traditionnel dans l'autobiographie, la chronologie, et un autre qui renvoie aux catégories philosophiques élaborées par Sartre philosophe réfléchissant sur la dialectique entre généralité et singularité[20].

En effet, alors que *Les Mots* se présentent comme une autobiographie de facture traditionnelle, comme un récit d'enfance fondé sur la chronologie, en fait, tout se passe, ainsi que le dit excellemment Philippe Lejeune, comme si l'ordre chronologique était un leurre. Tout se passe comme si les divers événements évoqués dans le livre étaient contemporains : « Que là où l'on a cru lire une histoire, on a suivi une analyse dans laquelle les liens logiques sont maquillés par un vocabulaire chronologique. L'ordre du livre est celui d'une dialectique déguisée en suite narrative[21]. »

Quand Serge Doubrovsky écrit *Le Livre brisé* et son propre personnage annotant *Les Mots*, il a bien sûr lu le travail de Lejeune. Il commence par se mettre en scène, allant rendre visite au grand homme. Ce dernier le reçoit et lui dit : « Au fond, vous êtes un peu mon fils. » Une phrase que sa mère lui répétait sans arrêt, ayant elle-même établi cette filiation imaginaire entre les deux. La réaction ne se fait pas attendre : « Quelque chose a chaviré en moi, d'un seul coup, toutes les années, toutes les distances abolies, ma mère qui dit en souriant, Sartre, c'est ton père spirituel, je l'ai embrassé, j'ai étreint cette vieille

19. *Ibid.*, p. 75.

20. Voir en particulier Philippe Lejeune, « L'ordre du récit dans *Les Mots* de Sartre », dans *Le Pacte autobiographique*, Paris, Seuil, 1975, p. 197-243 ; le chapitre du livre de Jean-François Chiantaretto déjà mentionné, « Les Mots », p. 183-236, et de Serge Doubrovsky, « Sartre : autobiographie/autofiction », *Revue des sciences humaines : Le Biographique*, n° 22, 1991-1994, p. 17-26.

21. Philippe Lejeune, « L'ordre du récit dans *Les Mots* de Sartre », *loc. cit.*, p. 204.

chair fripée, ses joues crevassées, les miennes dégoulinantes de larmes.[22] » Malgré cette dévotion, Serge Doubrovsky n'en cerne pas moins le caractère fallacieux du texte de Sartre, et la métafiction sert de support à sa propre élaboration fictionnelle : « Volatil, défini ou indéfini, le passé, ça se dissipe, ça part en fumée. Il faut le faire renaître de ses cendres. Sartre a voulu qu'après sa mort on l'incinère. On n'est jamais si bien servi que par soi-même[23]. *Les Mots*, c'est la crémation en self-service. Suivre la résurrection. Un vrai phénix[24]. » Il s'interroge sur une telle maîtrise. Tout tenir, l'image de soi, dans tous les sens. Par quel bout entamer cette « fable théorique » ? Est-elle seulement entamable ? N'y aurait-il pas quelque chose qui échapperait à la souveraine maîtrise de l'écrivain, des éléments de fuite, du non-maîtrisable, des nœuds ou des lieux du texte où quelque chose de l'inconscient ou du non-conscient s'échapperait tout de même ? « Son autobiographie. Seulement l'existence *ne s'en laisse pas compter par la théorie*[25]. Quelle qu'elle soit. N'entre pas dans un Système. Fût-il très futé. Futile. Même existentialiste. L'existence n'est pas faite pour[26]. » Dans un article théorique consacré à Sartre[27], Serge Doubrovsky avait comparé *Les Mots* aux *Carnets de la drôle de guerre*. Tout oppose les deux écritures : date de production, structure énonciative, pacte inaugural, rapport au destinataire présent ou absent. Il montre la supériorité du texte le plus élaboré, celui que Sartre qualifiait lui-même de « roman ». Doubrovsky traque la même scène prise dans la chronologie de la trame narrative dans les deux textes. Ils s'opposent. Où est la vérité ? *A priori*, on serait tenté de faire confiance aux *Carnets*, qui semblent plus fiables, plus proches des faits, moins travaillés. On est ici dans le cadre d'un témoignage et non d'une œuvre littéraire. En fait, nous sommes dans deux registres textuels différents. La supériorité du texte littéraire (fictionnel même dans le cadre d'un texte qui relève du

22. Serge Doubrovsky, *Le Livre brisé*, *op. cit.*, p. 78.
23. Serge Doubrovsky sait de quoi il parle. Il établit lui-même, à plusieurs reprises, ses propres notices nécrologiques, y compris, ironiquement, celle qui pourrait figurer dans un volume de la Pléiade. On est au plus près des fantasmes d'auto-engendrement à l'œuvre dans l'autofiction. On se rappellera également ces mots de J.-B. Pontalis, disant que l'autobiographie « apparaît souvent comme une nécrologie anticipée, comme le geste ultime d'appropriation de soi et par là peut-être comme un moyen de discréditer ce que les survivants penseront et diront de vous, de conjurer le risque qu'ils n'en pensent rien » (« Derniers premiers mots », in *L'Autobiographie*, Paris, Les Belles Lettres, 1988, p. 51).
24. *Ibid.*, p. 105-106.
25. C'est moi qui souligne.
26. Serge Doubrovsky, *Le Livre brisé*, *op. cit.*, p. 110.
27. Serge Doubrovsky, « Sartre : autobiographie/autofiction », *loc. cit.*

pacte autobiographique), c'est que précisément il ne peut tout maîtriser. Le fantasme y travaille à l'insu même de l'auteur. Le texte est par nature polysémique et fuit de partout.

Peut-on « appliquer » ces principes à Doubrovsky lui-même ? Y aurait-il des éléments échappant à l'auto-théorisation du romancier, au métadiscours tissé dans la fiction de lui-même sur lui-même ? Revenons aux fortes identifications et aux filiations imaginaires de Doubrovsky à l'égard de grands écrivains français, en particulier Proust et Sartre. Il a consacré à ces écrivains des livres, des articles, sans compter le discours métafictionnel incorporé à l'œuvre romanesque. Or, le choix de ces deux écrivains n'est pas dû au hasard. Certes, ce choix pourrait s'expliquer par des motifs purement sociologiques et générationnels. La figure tutélaire de Sartre ne laisse personne indifférent dans l'après-guerre. Il s'agit d'un véritable maître à penser. Jusque vers le milieu des années soixante, Sartre règne. Quant à Proust, là encore, il s'agit d'une figure majeure du Panthéon littéraire auquel tout théoricien s'est frotté, de Barthes à Genette. Serge Doubrovsky ne pouvait rester en dehors de cette course. Il lui fallait aussi écrire son « Proust ». Mais c'est sur un autre terrain que nous voudrions aller. Le seul problème, en effet, qui ne donne matière à aucun métadiscours soutenu, qui ne donne pas lieu à un article théorique, c'est le problème de la judéité et son rapport à l'écriture. Serge Doubrovsky consacre un de ses premiers romans à la période de la guerre, au port de l'étoile jaune et à la persécution il s'agit de *La Dispersion*[28]. Le thème juif revient de roman en roman, parfois avec insistance, mais curieusement, il ne donne pas lieu à une réélaboration théorique ou métadiscursive, il ne fonde aucune filiation littéraire véritable. La seule mention figure dans la discussion d'un colloque tenu en Allemagne, en 1992[29]. Ce « manque » me semble structurant. Proust, c'est bien entendu l'auteur panthéonisé de la *Recherche du temps perdu*. Doubrovsky a parfaitement conscience des transferts qu'il fait sur Proust, en particulier, en écrivant *La Place de la madeleine*[30]. Lui aussi a

28. Serge Doubrovsky, *La Dispersion*, Paris, Mercure de France, 1969.

29. Serge Doubrovsky dit lors d'une séance de discussion dans le cadre du colloque « Autobiographie et avant-garde » : « Par une curieuse coïncidence, parmi les invités à ce colloque, mon ami Sukenick, mon ami Federman et moi-même sommes juifs, mais eux, ce sont des Juifs, je veux dire par là : leur langage était distingué, ils avaient pris une certaine distance, ils ont parlé le langage qu'ils avaient à parler et qui était le leur, dans une langue qui était pour Federman devenue la sienne, l'anglais. Moi, je ne suis pas un juif, je suis *ein Yid*, c'est une différence, mon texte va dire cette différence-là. » (*Autobiographie et avant-garde*, sous la direction d'Alfred Hornung et Ernstpeter Ruhe, Tübingen, Gunter Narr Verlag, 1992, p. 134).

30. Serge Doubrovsky, *La Place de la madeleine : écriture et fantasme chez Proust*, Paris, Mercure de France, 1974.

un rapport mortifère à sa mère et se sent coupable de sa disparition, lui aussi se sent soulagé de « cette disparition » qui va lui permettre d'écrire. Mais Proust, même si les études universitaires ne sont pas centrées sur ce problème, c'est aussi un écrivain juif dont la judéité est très problématique, pris dans les rets de l'affaire Dreyfus. Militant antidreyfusard tout en ne se reconnaissant pas idéologiquement dans l'antidreyfusisme, ses amis se nomment cependant Léon Daudet ou Montesquiou, et autres ténors de l'antidreyfusisme. Le narrateur de la *Recherche* n'est pas juif, pas plus qu'il n'est homosexuel (même si l'œuvre met en scène toute une pléiade de personnages homosexuels), et les figures juives de la *Recherche,* en particulier celle de Bloch et celle de Swann, sont pour le moins ambivalentes. Proust construit ce que Elisheva Rosen appelle une *hétérotopie,* en ce sens que le narrateur-personnage est insituable et ses personnages paradoxaux, jamais tout à fait là où on les attend, là où leur position sociale et leur « habitus » les situeraient normalement. Qui devrait être dreyfusard ne l'est pas, qui devrait être antidreyfusard ne l'est pas, Bloch tient des propos antisémites, etc., etc. La *Recherche du temps perdu* dément la mécanique bien rodée du *discours social.* La double exclusion de l'homosexualité et de la judéité se déploie dans les salons les plus huppés et les milieux les plus hostiles, les plus sensibles à ce double rejet. Ce n'est pas seulement le statut du narrateur et le fait de savoir si l'œuvre constitue ou non une autobiographie qui pose problème, c'est toute l'inscription de la judéité, ses masques, ses jeux de miroirs qui doit nous interroger[31]. Comme narrateur qui n'a pas de place en tant que juif dans une société assimilatrice et qui ne peut faire face à ce « dedans-dehors », pour lequel aucun lieu n'est une place, Proust avait de quoi fasciner Doubrovsky sur le terrain de la question juive, et pas seulement sur celui de la fantasmatique de l'auto-engendrement ou sur le rapport à la mère.

Quant à Sartre outre la stature exceptionnelle du philosophe pour toute une génération, et le poids du personnage, un détail me retient ici. On sait que Sartre n'a pas été résistant. Non qu'il ait été collaborateur. Loin de là ! Il s'est comme tenu à l'écart. D'une certaine façon, il a « raté » sa guerre. Or, Serge Doubrovsky, très jeune à l'époque (né en 1928, il a onze ans à la déclaration de guerre et dix-sept ans en 1945), a lui aussi le

31. Sur ce sujet, outre l'article d'Elisheva Rosen (« Littérature, Auto Fiction, histoire : l'affaire Dreyfus dans *La recherche du temps perdu* », *Littérature,* n° 100, 1995, p. 64-80) citons de Henri Raczymow, *Le Cygne de Proust,* Paris, Gallimard, 1989, et « Proust et la judéité : les destins croisés de Swann et de Bloch », *Pardès : Littérature et judéité,* n° 21, 1995, p. 209-222. Il faut mettre à part le livre pionnier, mais quelque peu à côté du problème, de Jean Récanati, *Profils juifs de Marcel Proust,* Paris, Buchet-Chastel, 1979.

sentiment d'avoir « raté » la sienne. Pendant la guerre, sa famille et lui se sont cachés. Or, dans l'œuvre, un problème vient tarauder le narrateur, c'est sa guerre, son absence au maquis.

> Nom de Dieu j'ai raté ma guerre depuis ça n'arrête pas de me torturer de me tarauder de m'assaillir de battre en tempête entre les tempes de me ravager le ventre ils se sont mis à cent millions pour m'enculer PAS UN je n'en ai buté crevé PAS UN eunuque puceau PAS UN pas une gouttelette de sang sur les mains pas lâché une balle une bombe une guerre on n'en a jamais qu'une comme un honneur foutu à jamais refait à force de refaire cette guerre jamais faite sans cesse à n'en plus finir engagé dans les Brigades en 37 un ami de la famille l'oncle Mordka colonel dans l'Armée Rouge en 19 le Père dans les tranchées en 14 Spector Stolkaretz en 39 l'oncle Henri dans la Résistance héros médaillé Montluc déporté Drancy rescapé miracle et ses deux fils mes cousins mitraillettes à la main au maquis et les Israéliens en 48 Les AUTRES toujours les autres trop jeune trop tôt TROP TARD[32]...

Cette absence de participation à l'histoire au sens d'une non-participation au maquis, absence articulée sur un trop-plein d'Histoire, est au cœur de ce sentiment d'absence à soi qui ne peut trouver d'ancrage que dans l'écriture, non pas une écriture romanesque où un narrateur imaginaire et un personnage inventé donneraient des visages multiples à cette place vide, non pas l'écriture autobiographique prise dans l'illusion de l'unité du moi et d'une toute-puissance de la mémoire, mais dans une écriture qui tout en respectant le pacte autobiographique emprunte les chemins de la souveraineté de la forme, de la déconstruction syntaxique par endroits, de l'association euphonique, la souveraineté du signifiant. Cette absence d'histoire rejoint cette figure tutélaire du Panthéon de la pensée mais qui n'est pas un héros de la résistance, la figure de Sartre.

Au total, fiction, plus exactement autofiction, et travail théorique sont dans une parfaite continuité, voire en parfaite circularité. Les mêmes thèmes, les mêmes obsessions y sont à l'œuvre. Mais là où les fantasmes de maîtrise semblent interdire l'entame, la castration symbolique, des béances et des manques exposent en creux ce qui manque, une vraie place vide. Entre Serge Doubrovsky, professeur à la New York University, universitaire bien connu, entre Serge Doubrovsky sacré grand écrivain français, en particulier par le prix Médicis, entre l'écrivain qui s'expose en prenant sa vie comme matériau textuel et le théoricien qui réfléchit sur la littérature, l'écriture y compris la sienne propre, il y a une place manquante, c'est celle du « yid »,

32. Serge Doubrovsky, *La Dispersion*, *op. cit.*, p. 310-311.

plus exactement celle d'une écriture de « yid », ou, en d'autres termes, la place de l'écriture du juif ou du juif de l'écriture, non pas du juif comme personnage ou comme narrateur (le Serge de *La Dispersion*, ou le Julien-Serge qui habite toute la fiction), mais du juif comme support énonciatif, forme de l'écriture et objet d'investigation théorique. Une écriture pour l'inconscient, disait Serge Doubrovsky en parlant de son écriture consonantique. Qu'en est-il dans son travail et sa réflexion d'une écriture de la judéité ?

Suis-je romancier ?

ANTOINE COMPAGNON

Il y a un lieu commun moderne assez bien établi qui voudrait que la confusion de l'écriture fictionnelle et de l'écriture critique soit féconde, heureuse, juste. Cela transgresse une barrière, casse les genres, rend libre, ouvre au texte. J'aimerais taquiner ce cliché, jouer un moment au provocateur, endosser la robe de l'avocat du diable, parce qu'il faut se méfier de tous les poncifs, y compris — et peut-être surtout — des nouveaux poncifs d'hier, démodés aujourd'hui et oubliés demain. J'ai appris à penser de manière paradoxale, dans tous les sens de ce mot, et y compris contre moi-même. Bien entendu, nous imaginons tous que les agents doubles, c'est bien, c'est mieux que les écrivains qui s'entêtent dans un genre déterminé, n'en sortent pas, persistent et signent bêtement, roman après roman, essai après essai. Et pourtant, les agents doubles — n'est-ce pas ? — sont deux fois traîtres, traîtres à deux causes, car, comme on dit, on ne peut pas bien faire deux choses à la fois. Nous nous sommes persuadés que, depuis Baudelaire, la modernité doit être hétérogène, comme le poème en prose ou le vers libre, lesquels franchissent la frontière du mètre ; la fonction poétique et la fonction critique se tressent idéalement comme dans un thyrse pour donner l'écriture, le texte, le livre à venir. Blanchot et Barthes tiennent l'autre bout d'une chaîne inaugurée par Baudelaire, continuée par Mallarmé et Valéry.

Je vois au moins trois généalogies relativement indépendantes aux sources de notre préjugé immensément — aveuglément ? — favorable à l'abolition de l'alternative traditionnelle entre, disons pour simplifier, fiction et critique. J'ai déjà évoqué la première : c'est la lignée poétique Baudelaire-Mallarmé-Valéry, du moins telle qu'elle a été recomposée après coup, par exemple dans le grand ouvrage de Michel Raimond, *De Baudelaire au surréalisme* (1933), définissant le projet moderne par l'« ambition de saisir la poésie en son essence ». Bref, la poésie est poésie de la poésie. Un schéma hégélien, situant Baudelaire rétrospectivement depuis Mallarmé et Valéry, place le poète des *Fleurs du mal* « en tête d'une lignée d'artistes » qui, tous, sont allés de plus en plus loin vers l'évanouissement de la représentation. Ce modèle de réception téléologique postule que de dépassement en dépassement, de Baudelaire à Mallarmé, puis de Valéry à Yves Bonnefoy, la poésie se serait toujours plus rapprochée de son essence, c'est-à- dire du silence, pour ainsi dire préfiguré par l'aphasie de Baudelaire érigée en emblème de la fin de la poésie. Dans ce silence, poésie et critique se rejoignent à jamais.

La seconde tradition propice à la confusion des genres – sinon au silence – dépend des herméneutiques du soupçon développées depuis Heidegger. J'appelle ces herméneutiques *gnostiques*, au sens où elles donnent lieu à des interprétations infalsifiables, c'est-à-dire qu'elles ne permettent plus de séparer précompréhension et compréhension, transformant le cercle herméneutique en un cercle vicieux. Chaque interprète est prisonnnier de son propre *Welt*, ses préjugés, ses hypothèses, sa bulle, et l'accès à l'autre, dans le temps comme dans l'espace, lui est désormais interdit. Avec Gadamer, une dialectique désespérée rendait encore possible la fusion des horizons du texte et du lecteur, un certain dialogue subsistait entre le passé et le présent, le même et l'autre, mais le scepticisme dogmatique radical qui a envahi la scène critique depuis deux générations ridiculise toute illusion de cette sorte et fait honte à tous ceux qui s'imaginent encore que l'on peut vraiment parler de l'autre ou de l'étranger. Le résultat, c'est qu'aucune interprétation n'est plus défendable, ou encore qu'il n'y a plus d'interprétations valides, mais seulement des mésinterprétations, en somme des fictions. Dans la mésinterprétation inévitable, poésie et vérité, fiction et critique se réduisent l'une à l'autre, et aussi à peu de chose. En deux mouvements, toute écriture est assimilée à la fiction. Il serait naïf, semble-t-il, de vouloir maintenir des distinctions aussi pauvres.

Le troisième modèle de l'hétérogène nous vient du structuralisme français, ou de sa variante qu'on qualifie de post-structuraliste aux États-Unis. Je pense à la découverte par Roland Barthes de la notion de métalangage, qui lui permet précisément de situer Proust, dans la généalogie Baudelaire-Mallarmé-Blanchot, comme un maillon dans la recherche de l'essence de la littérature, une étape vers la neutralisation du récit et l'ontologie de l'art conçu comme art de l'art ou comme « pli » critique, selon le mot de Mallarmé. La *Recherche* est un roman sur le roman, renfermant, ou plutôt *exemplifiant*, sa propre critique. Barthes applique la notion logique et linguistique de métalangage à cette substitution de la littérature sur la littérature à la littérature tout court au XXe siècle. Il n'y a plus de littérature au premier degré ; toute littérature est au moins au second degré. Proust, écrit Barthes en 1959, représente « l'espoir de parvenir à éluder la tautologie littéraire en remettant sans cesse, pour ainsi dire, la littérature au lendemain, en déclarant longuement qu'on *va* écrire, et en faisant de cette déclaration la littérature même[1] ». Barthes n'a plus cessé de revenir sur cette idée : depuis Mallarmé, « non seulement les écrivains font eux-mêmes de la critique, mais leur œuvre, souvent, énonce les conditions de sa naissance (Proust) ou même de son absence (Blanchot)[2] ». Proust, le grand procrastinateur, est ainsi fermement situé entre Mallarmé et Blanchot sur le chemin du silence[3]. « Récit d'un désir d'écrire », dit encore Barthes, qui cependant paraît de plus en plus sensible au plaisir qu'il prend à lire la *Recherche*, dont la problématique est moderne, mais qui se lit quand même comme un bon vieux roman. Souvenons-nous de la distinction entre texte lisible et texte scriptible proclamée dans *S/Z* : entre texte facile, classique, consommable, transparent, paraphrasable, et texte difficile, avant-gardiste, résistant, obscur ou opaque, dont à la limite il n'y a rien à dire et que l'on ne peut plus que récrire, recopier comme autrefois.

*
* *

Je propose donc de prendre un moment le contre-pied de cette *doxa* moderne. Mettons à l'épreuve cette contre-proposition, ou cette proposition paradoxale : la confusion des genres, promue notamment par les herméneutiques sceptiques radicales et le post-structuralisme gnostique, a été un désastre, elle a donné lieu à de mauvais romans et de mauvaises critiques. Je ne citerai pas de noms : veuillez m'accorder cette liberté, et mettez-les vous-mêmes. Le résultat de la littérature au second degré et de la critique au degré zéro, cela a été du texte scriptible, c'est-à-dire, comme le concédait Barthes, généralement illisible.

Qui parle ? Où et quand ? Vieux problème repris par Beckett : il est impossible de séparer fiction et critique dans le détail, jusqu'au bout, jusqu'au plus infime point-virgule, mais cela n'implique pas nécessairement que différentes intentionnalités principales et majeures, différentes postulations, c'est-à-dire différents actes de langage, ne régissent pas des discours

1. Roland Barthes, *Essais critiques*, Paris, Seuil, 1964, p. 106.
2. Roland Barthes, *Critique et vérité*, Paris, Seuil, 1966, p. 45.
3. R. Barthes, Proust et les noms, *Le Bruissement de la langue*, Paris, Seuil, 1984, p. 313.

de nature fondamentalement distincte. La critique, au sens étymologique, sépare ; elle décerne l'éloge et le blâme. Aussi formaliste qu'elle devienne, elle met en œuvre des normes. L'acte de langage fondamental de l'écriture fictionnelle n'est pas le même que celui de l'écriture critique. On identifie la littérature à la représentation d'un acte de langage par opposition à son exécution. Si, sur scène, je vous accuse d'avoir volé mon portefeuille, je n'y crois pas ; la représentation d'une accusation ressemble à une accusation, sauf qu'elle ne remplit pas la condition de la croyance à la culpabilité de l'interlocuteur. Comme la représentation par opposition à l'exécution d'un acte de langage, on identifie toute la littérature à la fiction par opposition au langage ordinaire. Mais comme cette distinction n'est pas tenable — toute la littérature n'est pas assimilable à la représentation par opposition à l'exécution d'actes de langage —, il faut postuler que tout le langage est lui-même fiction, autrement dit, que l'on ne fait jamais que représenter des actes de langage. Pour légitimer la fusion de la littérature et de la critique, on est conduit à poser que tout est fiction, ou que tout est citation.

La volonté oppositionnelle conduit à des positions impossibles. Comme il y a dans toute littérature des actes de langage qui sont exécutés et non pas représentés, l'acte de langage constitutif de la critique n'est pas réductible à la fiction, si tant est que la littérature le soit. L'assimilation de la littérature et de la critique semble donc un sophisme coûteux.

*

* *

Toutefois, ce ne sont pas tellement les conséquences de ce sophisme sur la littérature qui m'importent — la prolifération des Proust au petit pied — que la méconnaissance profonde des écrivains érigés en modèles qu'elle comporte. Ces écrivains, précisément, n'étaient pas des agents doubles. D'où l'angoisse profonde, la souffrance inaliénable de ces écrivains dont nous avons fait nos héros : Baudelaire, Mallarmé, Proust, Blanchot. Il me semble que nous faisons bon marché de leur peine quand nous nous livrons avec un peu de légèreté à l'éloge des agents doubles. Les agents doubles ont été des martyrs. « Âme en peine entre le doute et la foi » : c'est le titre d'un tableau symboliste devant lequel je suis tombé en arrêt ce matin au Musée des Beaux Arts de Montréal parce qu'il me semblait résumer la situation de l'agent double.

Proust écrivait dans le *Carnet* 1 à l'automne de 1908 :

> Les avertissements de la mort. Bientôt tu ne pourras plus dire tout cela. La paresse ou le doute ou l'impuissance se réfugiant dans l'incertitude sur la forme d'art. Faut-il en faire un

roman, une étude philosophique, suis-je romancier ? (ce qui me console, Gérard de Nerval [...])[4].

C'est à cette phrase que j'ai emprunté mon titre : « Suis-je romancier ? » La question est essentielle, vitale, tragique. Proust a alors une idée dont il ne sait que faire : c'est la mémoire involontaire. La question du genre – roman ou étude philosophique – est un alibi pour le manque de volonté – paresse, doute ou impuissance –, ce manque de volonté dont Proust a souffert jusqu'au roman. La menace de la mort rend plus urgent encore le choix d'un genre. Et pour Proust, il ne fait pas de doute qu'un roman et une étude philosophique, ce n'est pas pareil. Proust va même jusqu'à reprocher à Nerval et à Baudelaire d'avoir été des agents doubles, c'est-à-dire d'avoir dit plusieurs fois la même chose, en vers et en prose, faute de savoir ce qu'ils voulaient et de trouver le mot juste. Les doublons entre *Les Fleurs du mal* et *Le Spleen de Paris* sont aux yeux de Proust des signes d'échec, d'impuissance, de procrastination : personne n'est allé aussi loin que lui dans la réprobation de l'agent double, par exemple quand il s'en prenait au style perpétuellement dilatoire de Péguy. Pour Proust, un agent double est un écrivain qui ne sait pas ce qu'il veut, un procrastinateur, comme aurait dit Saint-Loup, ou un célibataire de l'art.

Nous ne sommes pas obligés de le suivre ni d'adopter ses réserves, mais je crois que l'assimilation de la fiction et de la critique, du roman et de l'étude philosophique n'en est pas moins l'un de ces dogmes auxquels nous affectons de croire, auxquels nous croyons sans y croire, entretenant une sorte de doctrine de la double vérité. Nous y croyons mais nous vivons autrement : c'est ce qu'on appelait jadis le fidéisme en matière de religion. Samedi dernier, observant la multitude des fidèles qui applaudissaient le pape à Central Park à New York, je me disais qu'ils étaient pour la plupart fidéistes. Nous nous comportons avec la doctrine littéraire comme les catholiques avec les enseignements du pape sur la sexualité : nous y croyons mais nous oublions de les mettre en pratique. Nous sommes les agents doubles, c'est-à-dire que nous ne savons pas ce que nous voulons, ou alors nous le savons trop bien et nous le dénions. Nous voulons de la littérature, encore de la littérature, toujours de la littérature.

4. Marcel Proust, *Le Carnet de 1908*, éditeur Philip Kolb, Paris, Gallimard, 1976, p. 61.

Exercices de lecture

Des nouvelles d'un « auteur nouveau » : *La Vie réelle* dans l'œuvre de Gilles Marcotte

LAURENT MAILHOT

> *Prendre les apparences pour des réalités et tenter d'en faire faire autant aux lecteurs.*
>
> Alfred Desrochers, *Paragraphe.*
>
> *Pour moi, il n'y a rien de plus romanesque que la réalité.*
>
> Umberto Eco

Gilles Marcotte est reconnu comme journaliste, professeur, chroniqueur, critique, essayiste et jusqu'à un certain point comme théoricien, malgré lui, de la littérature. On a cependant tendance à négliger ses romans et récits, même *La Vie réelle*[1], d'une force peu commune. Le titre est le plus ambitieux qui soit. Aucun texte ne pourra jamais l'égaler, lui répondre, le remplir, le vider. Sa contradiction est analogue à celle qui réunit et oppose les sens philosophique et didactique du mot *facticité* : « caractère de ce qui est un fait », mais aussi de ce qui est « artificiel », c'est-à-dire imité, faux, trompeur. Marcotte maintient

1. Montréal, Boréal, 1989. Les références à ce livre seront données entre parenthèses dans le texte.

constamment la tension entre les deux pôles : vie et réalité, mortalité et permanence, sensibilité et indifférence, subjectivité et altérité, observation et représentation. Il n'y a pas chez lui de *Parti pris des choses* pongien, de description pure, de poétique de l'objet, ni non plus de parti pris classiquement ou romantiquement humaniste, moraliste, lyrique, métaphysique.

Avant *Les Choses de la vie* du film de Claude Sautet, on avait eu la « coupure épistémologique » des *Mots et les Choses* de Michel Foucault, *Les Choses* comme cadre des (jeunes) cadres des années soixante de Georges Pérec. Ici, maintenant, dans *La Vie réelle* de Gilles Marcotte, comme dans les *Mythologies* de Barthes, la philosophie de Baudrillard ou la sociologie de Bourdieu, est posée la question des rapports entre objet et signe, humanité et sujet, physique et métaphysique, idéologie, valeur marchande et bien symbolique. Mais elle est posée ailleurs, autrement : dans les « histoires » plutôt que dans l'Histoire (et même contre elle, à contre-courant[2]), dans le texte plutôt que dans le discours, dans l'écriture avec et même avant la pensée.

Quelles sont les qualités du style de Marcotte ? Beaucoup répondraient : clarté, maîtrise, équilibre, probité, efficacité, souplesse, élégance, naturel. Bref, les qualités les plus classiques de la prose française. D'une prose heureuse, harmonieuse, sans surprise. « Les idées originales, chez Marcotte, sont précieuses et fréquentes, mais leur originalité se cache un peu sous la simplicité du style et du discours », pensait Pierre Vadeboncœur[3] avant de (re)découvrir récemment son voisin dans les chroniques de *Liberté*. Au lieu du cliché « Marcotte, prose unie, facile, un peu générale », c'est tout le contraire dorénavant aux yeux de Vadeboncœur : sens du concret, du singulier, foisonnement d'idées, goût de l'aventure et de la découverte, perspicacité, vigueur, « relief inattendu », intelligence qui « départage exactement les choses comme les opinions, selon leur réalité ou leur irréalité, trait que l'on retrouve dans sa conversation[4] ».

Nous nous limiterons ici à l'écriture, à la composition, à la vision de *La Vie réelle* comme recueil *d'histoires*. « Quand on s'en remet aux choses mêmes et à elles seules, on s'efface devant leur vérité et cela fait parfaitement du style au bout du compte [...] Du style qui ne se prend pas trop lui-même pour une chose. La chose est plutôt dans ce qui est montré[5]. »

2. Comme on le voit dans la section sur Crémazie, Patrice Lacombe, « Job, les trois Amis, la Révolution tranquille et l'Autre (le Tout-Puissant) ».

3. « Marcotte : une découverte », dans Benoît Melançon et Pierre Popovic (dir.), *Miscellanées en l'honneur de Gilles Marcotte*, Montréal, Fides, 1995, p. 14.

4. *Ibid.*, p. 15-16.

5. *Ibid.*, p. 16. Enfin, d'où mon titre : « Un auteur apparu comme je le dis de lui est un auteur nouveau que précédaient ses preuves » (*ibid.*, p. 17).

Vadeboncœur compare Marcotte à Proust, à Rimbaud. Ses textes, comme les leurs, sont des actes, « toujours portés vers l'avant ». Leur clarté ne se referme pas sur elle-même, elle est dirigée vers l'autre, l'inconnu, l'ailleurs, l'ombre. On pense à cette « lumière-éclairage » dont parle le peintre Fernand Leduc à propos de Zurbarán et de Goya : celui-ci « ne raconte pas le malheur du monde, il en fait une œuvre. Le malheur du monde est dedans[6] ». Quel art, quelle vie, quel réel habitent *La Vie réelle* ?

LA VIE BÊTE

La Vie réelle pourrait aussi bien s'intituler *La Vie des bêtes*. On en trouve beaucoup, plus ou moins sauvages, mal domestiquées, dans ce recueil d'histoires que Jules Renard aurait appelées *naturelles*. Dès la dédicace, on évoque les lapins, les zibelines, les tigres « et les êtres humains ». Comme dans les fables ou les contes de fées ? L'auteur rivalise moins avec Buffon, La Fontaine ou Charles Perrault qu'avec Kafka ou Cortazar. C'est du côté des monstres épiques, romanesques, tragiques qu'il faut chercher la parenté de ces rongeurs ou de ces fauves : le Minotaure de Racine (*Phèdre*) ou celui de Camus à Oran (*L'Été*).

L'animalité se camoufle partout, envahit tous les étages, tous les recoins de cette *Vie réelle*. L'entrée en matière se fait littéralement « dans le vif du sujet » (*V*, 22). Un cliché comme « le plancher des vaches » (*V*, 26) reprend du poil de la bête. On trouve sans difficulté des sandwiches à l'agneau, à l'antilope, à la gazelle (*V*, 18). Le bipède a un « mal de chien » à écrire des lettres (*V*, 130), tant il s'est identifié aux quadrupèdes, en attendant les insectes, les batraciens, les reptiles. Tout ce qui aboie, hurle, rugit, bondit, rampe, s'enfonce dans la terre – ou en jaillit – attire l'homme des villes égaré aux champs, en forêt, dans son sous-sol ou à l'étranger. « Ni victimes ni bourreaux », proposait Camus comme programme politique, éthique, après la guerre. Ici, les victimes se font naturellement bourreaux, et d'abord bourreaux d'elles-mêmes. L'un, l'une se défoule « à coups de brique sur les deux ou trois rats qui m'embêtaient » (*V*, 30-31). La peste est au pied de l'escalier, au coin de la rue.

La Vie des bêtes ? Plutôt *La Vie bête*, embêtante, embêtée, absurde. La vie lourde, pesante, empêtrée dans le matériel et le charnel. La vie exaltée et brutalement ramenée sur terre. La vie terrorisée. « On pourrait penser que j'ai peur. Non, ce n'est pas ça. Je suis, comment dire, embêté. Oui, c'est le mot juste, je suis embêté », déclare, assis dans son fauteuil rongé par les dents de la jungle, le narrateur de la première histoire (*V*, 15).

6. Dans Lise Gauvin, *Entretiens avec Fernand Leduc* suivis de *Conversations avec Thérèse Renaud*, Montréal, Liber, 1995, p. 128-129.

L'expression reviendra souvent, sous diverses formes. Une invitation reçue et qu'il s'apprête à honorer « embête » le narrateur de « La réception » ; « elle l'embête de plus en plus » (*V*, 73-74). Or, si « c'est bête, c'est sexuel » (*V*, 75). On peut être « hébété » de joie, de surprise, de fatigue, « immobile, à quatre pattes sur la terre ravagée » (*V*, 97), aussi « monstrueux », aussi dérisoirement agité qu'une fourmi. Lorsqu'on tente péniblement de se relever, avec le vertige vient la chute, « plus bête que tout, que rien ne justifie » (*V*, 99).

Le « Tigre au salon », tigre du Bengale comme les feux du même nom, est un tigre de papier en un sens. Sans doute inspiré d'un slogan publicitaire[7], il se trouve le rival des Tiger Cats de Hamilton, dont il empêche d'écouter la transmission du match de football contre les Lions de Vancouver. Couché comme un chien au pied de son maître, le gros félin ronge son frein en rongeant le fauteuil, puis le bras et l'épaule de son hôte. Passion sans tendresse apparente, « l'amour d'un tigre a quelque chose d'ambigu » (*V*, 16), tant il est *dévorant*. Ce tigre de salon indécent, obscène, antimondain n'est pas seulement une projection du désir du narrateur pour sa belle-sœur, mais de sa tentation générale de « rugir » contre les conventions et les empêchements de la société. Face à ces « embêtements » et pour éviter le geste trop humain de faire et de cacher ses « besoins sous le tapis » (*V*, 22), la meilleure solution est le traitement homéopathique, le recours à la bête en soi. Ce que le narrateur admire chez le tigre – « je m'identifiais à lui » (*V*, 19) –, c'est sa « constance dans le travail », son « appétit magnifique », sa parfaite « indifférence aux opinions d'autrui » (*V*, 20-21). Il va toujours *jusqu'au bout*.

VIOLENCE DE LA MUSIQUE

La Vie réelle est composé de quatre parties sans titre, quatre mouvements d'une symphonie inachevée – car tout homme est « ignorant de sa propre fin[8] » – où la musique joue un rôle fondamental. Bien avant « Le Quintette de Schubert », où « des choses en vous, tristes ou gaies, tristes surtout, aspirent à se donner expression par les sons » (*V*, 216), la musique fournit aux récits des instruments, un registre, un tempo, une clé (de sol ou du « sous-sol » par exemple), un point d'orgue. L'écriture, qui « devait faire le silence » et qui commence toujours

7. « METTEZ UN TIGRE DANS VOTRE MOTEUR », qui devient ici (variante) : « faites rugir votre tigre au lieu de klaxonner » (*V*, 17).

8. « C'est un homme comme les autres, ignorant de sa propre fin » est la phrase finale, l'excipit de *La Vie réelle* (*V*, 236).

par faire « un bruit d'enfer » (*V*, 150), comme dans la composition imaginée de *La Terre paternelle* par le notaire Lacombe[9], a un cheminement, des détours, des retours analogues à ceux de la musique.

« Au sous-sol », on aperçoit en un éclair « la belle lumière métallique, la lumière noire zébrée de blanc » du corps de la belette (zibeline ? mouffette ?) qualifiée de « son » vif, aigu, et presque de « musique » (*V*, 31). Cette « double boule noire qui tourne[10] », serait-ce une note ? Ce n'est plus une forme visible, en tout cas, mais « une musique très douce, dont malgré mon diapason absolu je n'arrive pas à discerner la tonalité » (*V*, 23), dit le narrateur. Au début de la parabole, il avait qualifié de « bruit sifflant, soyeux » le mouvement rotatif dans les airs d'une petite bête étrange, nerveuse, dont la « rapidité *inouïe* » (c'est moi qui souligne) est paradoxalement rendue visible, palpable. Un peu plus tard, dans le salon, un mince « filet de son » émane du « téléviseur *fermé* ». Après le « bruit fou » de la bête-toupie, voilà le « son incongru » du meuble-machine. Le narrateur angoissé feint de participer à la « conversation générale », alors que s'impose à son oreille un

> [...] son qui de seconde en seconde s'enflait, devenait à ce point strident que j'en avais les tympans défoncés. Débrancher le téléviseur n'aurait servi à rien. La note *si, l'onde hurlante* naissait de la pièce même, et je ne pouvais lui échapper qu'en lui obéissant, c'est-à-dire en vidant les lieux (*V*, 27).

L'homme ne retourne au salon, en famille, dans la chambre conjugale que sporadiquement, pour quelques minutes. Menant une double vie, il se met à l'« écoute » des signes du rez-de-chaussée, déchiffrant, interprétant les gestes, les pas, les murmures, les battements de cœur. Sans toujours habiter réellement au sous-sol, il vit « *en* sous-sol » (*V*, 29), au creux de lui-même, loin des siens qu'il aime « à distance », dans une sorte de paix armée ou de « guerre intestine » où il a pris « le parti du bas » (*V*, 30).

C'est alors, le nez dans la pourriture et la poussière, le regard myope, la respiration oppressée, que le narrateur — « je descends, je descends encore » — fait face à la bête multiple, mal identifiée ; « si je réussissais à crier un bon coup, je pourrais empêcher les choses de suivre leur cours maintenant presque imprévisible » (*V*, 32). Mais pourquoi faudrait-il empêcher les choses de suivre leur cours, de tomber et de

9. Qui, on le sait, fera taire ce bruit, ces débordements, pour peindre « l'enfant du sol, tel qu'il est, religieux, honnête, paisible de mœurs et de caractère... ». Tout le contraire, en somme, de la « vie réelle » et de *La Vie réelle*.

10. La musique de Schubert a de même, un moment, « la tête qui tourne, de s'être ainsi excitée dans l'azur » (*V*, 228).

retomber ? Pendant que le chat domestique, fasciné, quitte le sol, « emporté dans l'orbite de la mouffette ou de la zibeline ou de la belette », l'individu « encore humain, un peu », ne bouge pas, ne voit plus rien, ne fait qu'« entendre », écouter.

> Les timbres se situent à mi-chemin entre ceux des instruments les plus subtils de l'orchestre, les vents, clarinette, flûte, hautbois, et ceux de la voix humaine. La musique m'apaise, m'ensommeille et bientôt va m'emporter ailleurs, c'est-à-dire plus bas, *toujours plus bas, vers une résolution qui, je le sais, me sera mortelle.* J'apprends pourquoi je suis descendu au sous-sol, pourquoi je ressens une telle souffrance au salon, pourquoi dans mon bureau les enfants m'assaillent et ne cesseront pas de m'assaillir, pourquoi je suis repoussé de ces pièces du haut que pourtant j'aurais tant voulu habiter, oui, autrefois, il y a si longtemps. *Toutes les explications sont dans la musique* qui me berce et m'entraîne à mon tour dans l'orbite heureuse, presque heureuse, et *la musique refuse obstinément de se laisser traduire,* elle a toutes les raisons mais ne veut pas qu'on s'en serve (*V*, 32-33).

J'ai souligné quelques passages de ce texte admirable, limpide et pourtant secret, inépuisable, concret et abstrait, *musical* en ce sens qu'il refuserait lui aussi d'étaler ses raisonnements et ses preuves. Il suit son cours, de degré en degré, du sommet jusqu'à la « résolution » finale qui n'est pas une solution.

Dans « Le Quintette de Schubert », contrairement à ce qu'aurait fait Mozart (ajouter un second alto), le compositeur, pour ne désobliger aucune des deux princesses Untelparzer, leur attribue à chacune un violoncelle. Ces gros instruments s'émancipent, coïncident avec « leur essence, leur fonction » et sont nommés respectivement Alphonse 1 et Alphonse 2, frères jumeaux et « ténébreux ». Pas de « deuxième violon au sens le plus regrettable de l'expression » (*V*, 217) dans cet ensemble à cordes. Schubert, en « fin politique », stratège d'alliances austro-hongroises[11], divise pour régner. Élégance, équilibre. « *On ne se méfie pas assez de la lenteur* » (*V*, 221), à moins d'avoir l'art du roman d'un Milan Kundera ou d'un Jacques Poulin. Or, la lenteur « nous livre à la fatalité, qui n'est pas autre chose que l'accumulation imperceptible des circonstances [...], et à la faveur de quelques modulations cela monte, se gonfle, cela devient proprement insupportable, à crier, à hurler de terreur ou de plaisir, on ne sait plus ! » (*V*, 221-222). Classiquement, la fatalité (*fatum, fari*) est liée à la parole, à la diction, au paroxysme de la passion et de l'aveu, chez Sophocle ou Racine comme chez les grands compositeurs romantiques.

11. Mais il y aura un « renversement des alliances » instrumentales (*V*, 226).

De la « plénitude excessive », on passe inévitablement — « ô bonheur, ô malheur ! » — au refus, à la négation, au vide absolu. De « ce paysage qui se suffit à lui-même », on tire, on croit tirer une « effroyable liberté à l'égard de tout » (*V*, 222). D'une idée, d'un sentiment, d'une sensation à l'autre, le cercle est parfait. Son identité, sa liberté, sa destinée à peine conquises, l'être débouche brusquement sur « ce lieu où la mort et la vie perdent leur nom » (*V*, 223) et les circonstances toute utilité. Ce lieu n'est plus dans l'espace, ni cet homme dans le temps. Bientôt, trop tôt, les « périls » courus seront transformés en art, contemplation, consolation. La « phrase » qui menaçait de devenir « ingouvernable », un archet, une main la ramèneront dans le droit chemin, dans le fil attendu du rythme et de la mélodie. De nouveau les échanges, le concert, le bon ton, les sentiments modérés. Quel soulagement pour le spectateur, l'auditeur, l'amateur ! « Nous allions être victimes de la plus grande violence, celle de la *musique même* [...] » (*V*, 224). Il est de la nature, de l'artifice de la musique de s'éloigner du « précipice » après l'avoir côtoyé, de renvoyer les gens[12] à leur « sèche solitude », chez eux, dans le discours commun, la rumeur quotidienne. On devrait savoir que « lorsqu'il y a musique on finit toujours par toucher le fond de quelque désespoir, et le trop peu de nos moyens d'existence » (*V*, 229). Mais on essaiera d'y entrer, d'en sortir, encore une fois qui ne sera pas la dernière.

D'UN RECUEIL L'AUTRE

Paradoxalement, *La Vie réelle* a des rapports plus précis avec les essais, les chroniques et la critique littéraire du journaliste puis professeur Marcotte qu'avec ses romans ou récits. Après de trop *Bonnes Rencontres* (1971), en voici de très mauvaises, méchantes, douloureuses. On reconnaît ici les vertiges, les solitudes, les exils d'*Une littérature qui se fait* (1962), le second versant, infini et concret, de la *Littérature et le reste* (1980), quelque chose — l'essentiel[13] —de l'« intention de prose » de Rimbaud. Mais c'est *Littérature et circonstances*, son exact contemporain[14], qui présente le plus d'homologie, d'homothétie avec *La Vie réelle*. Dans les deux recueils se trouvent des recherches de divers types sur la société, les institutions et les

12. Y compris les interprètes — « Déposez vos instruments, vous cinq, et allez faire un petit tour dans votre existence, dans votre banalité, pour y retrouver votre souffle » (V, 224) — et le compositeur lui-même.

13. Prose : « langage de la communication, sans privilège magique, au plus près des accidents de l'histoire, des pensées du jour » (*La Prose de Rimbaud*, Montréal, Boréal, L'Hexagone, 1989, p. 9).

14. Montréal, L'Hexagone, 1989.

« courants d'air », l'espace, le voyage, les déplacements, « le temps, l'histoire, le roman ». Comment « découvrir l'Amérique après Christophe Colomb et Fenimore Cooper ? « Raconter, qu'est-ce à dire ? » Réciter, mythifier, recommencer ? Sous quelle(s) forme(s) ? À la façon d'Antonine Maillet, de Jacques Ferron, de Réjean Ducharme, de Jacques Poulin ? « Alors même qu'il la contrarie, le romancier québécois pose l'histoire (le récit) comme un besoin, une nécessité à laquelle il n'envisage pas d'échapper[15].» C'est le cas dans *La Vie réelle* comme dans *Le Roman à l'imparfait* (1976) ou *Littérature et circonstances*.

On comprend les problèmes de moteur, de boussole et de gouvernail du « capitaine » naviguant sur le Saint-Laurent qui voudrait briser « l'écrou du Golfe », comme dans *Le Saint-Élias* de Jacques Ferron. De métaphore ou de métonymie en allégorie, une critique se fait en même temps qu'un récit. « Qui a peur du pygargue roux ? » Où loge cet « oiseau de papier » ? Et qui est le « Joseph Durand » perdu, anonyme, de la multiple dédicace des *Poésies* de Lautréamont ? L'auteur de *Littérature et circonstances* en fait un personnage inconnu à (re)connaître, une figure de l'écriture et du roman :

> Joseph Durand me fait penser à certaine paysanne du Toboso. Comme elle, et plus qu'elle encore, il semble réfractaire à toute tentative de transformation. On ne fait pas facilement de Joseph Durand un héros, et de la réalité qu'il représente, une légende. Pourtant la littérature n'existe que si, de quelque façon, il entre dans la mouvance de l'écriture. Cherchez bien : dans toute œuvre qui compte, vous trouverez un Joseph Durand qui naît, se transforme, et se tait. Vous-même[16].

C'est la fin, la conclusion de *Littérature et circonstances*, entre *L'Odyssée* et *Ulysse*, entre la Dulcinée du Quichotte et *La Modification* de Butor, non loin de Borges ou d'Italo Calvino. Une ouverture de l'auteur au lecteur, de la critique sur la fiction. Ce pourrait être le commencement, l'incipit de *La Vie réelle*, dont deux « histoires » auraient pu s'insérer telles quelles dans *Littérature et circonstances*[17] : la « Lettre à Octave Crémazie », complément ou illustration d'« Octave Crémazie, lecteur », et « La tête de Patrice Lacombe », portrait à partir d'une photographie, d'un livre, d'une (absence de) signature.

15. *Ibid.*, p. 182. D'autre part : « Dans le contexte où il s'écrit aujourd'hui, le conte est une forme critique, une machine de guerre dirigée contre le roman et la vision historique du monde qu'il transporte » (*ibid.*, p. 187).
16. *Ibid.*, p. 332.
17. Dans la seconde partie : « Écrire ».

La lettre, à peine fictive, est celle d'un critique, d'un sociologue de la littérature – voir la scène du colloque « dans un grand hôtel des Laurentides » (*V*, 127) –, mais surtout d'un ami, d'un semblable, d'un frère qui se considère comme le destinataire naturel, privilégié des lettres du poète : « Il me semblait qu'elles m'étaient destinées, par-dessus la tête de l'abbé Casgrain dont j'ai toujours cru qu'il n'y comprenait rien » (*V*, 130), écrit le narrateur, s'imaginant lui-même en « failli », en faussaire, en exilé, en condamné, à la suite d'un examen général à l'hôpital.

Ce qui donne à la lettre à Crémazie sa place dans *La Vie réelle*, indépendamment de celle qu'elle aurait pu trouver dans un recueil d'essais, ce sont ses thèmes (la discrétion, l'absence, la disparition), ses multiples registres (de l'émotion au cynisme), certaines images hallucinantes comme celle du « personnage du Ver », royal et dérisoire, qui « tient encore le coup » (*V*, 131), seul au milieu des ruines de la *Promenade de trois morts*. « Quelle expression extraordinaire, la « mort du mort ! » (*V*, 132) Même si la poésie lui « fait encore mal, comme la jambe à l'amputé », Octave Crémazie tourne le dos à l'« écriture du devoir, du comptoir » (*V*, 134), du patriotisme, de la librairie, pour se transformer malgré lui, et contre Casgrain, en « mythe » romantique et moderne de l'Écrivain, en « véritable écrivain précisément parce qu'il n'a pas fait œuvre[18] ». Parce qu'il a dit adieu radicalement, définitivement au sujet, à l'institution, à la carrière littéraires, comme un Gérard de Nerval, un Rimbaud, ou un Nelligan. Paris est son désert, sa « prose[19] », son tombeau.

La parabole de « Job, les Trois Amis, la Révolution tranquille et l'Autre (le Tout-Puissant) », dans *La Vie réelle*, a un ton et un objet tout à fait différents de « La révolution de la tranquillité », dans *Littérature et circonstances*, où le critique relit les poètes de l'Hexagone et de ses environs pour montrer la transformation d'une tradition, non pas son absence, derrière la « parole nouvelle ». Les « espoirs nécessaires » d'un Jean-Guy Pilon[20], par exemple, reprennent et contredisent le fatalisme grandboisien des *Îles de la nuit*, dix ans plus tôt. On peut aussi remonter d'un Gatien Lapointe ou d'un Luc Perrier à Saint-Denys Garneau. La différence se trouve « dans l'héritage même ». Où est alors le plus « tranchant », le plus radical, le plus *moderne* ? L'Hexagone et ses épigones de la Révolution tranquille veulent orienter, réorienter la poésie rompue, interrompue[21], de leurs « grands aînés » et jusqu'à celle de Nelligan. Les jeunes poètes de 1960 recommencent à pied d'œuvre,

18. *Littérature et circonstances*, p. 211.
19. Avant et après le *Journal du siège de Paris* (1870-1871).
20. *Les Cloîtres de l'été* (1954).
21. Grandbois, Garneau, « nous commençons à peine à les lire dans toute la violence de leur déconstruction » (*Littérature et circonstances*, p. 130).

> à ras de terre, là où les mots sont encore associés à de l'usage courant. Entre la limite extrême du haut silence que produisent leurs prédécesseurs et celle du mutisme dont le langage public s'éloigne à peine, entre le mauvais pauvre et le mauvais riche, ils vont tenter de frayer le chemin d'une parole qui ait quelque chance de durer[22].

Marcotte, on le voit, par-delà le « nouveau contrat » des poètes et de la poésie avec la vie quotidienne, sociale, évoque les rapports entre la parabole du « Mauvais Pauvre » chez Saint-Denys Garneau (*Journal*) et les thèses contre le capitalisme et la bourgeoisie (à *Parti pris*, notamment). Quant au Job de *La Vie réelle*, lointain cousin du prophète biblique, est-il « mauvais pauvre » après avoir été « mauvais riche » ?

Avec « Job, les trois Amis, la Révolution tranquille et l'Autre (le Tout-Puissant) », on n'est pas dans la Bible, malgré les chameaux et les ânesses, mais dans quelque Livre blanc gouvernemental, quelque petit livre rouge électoral ou syndical.

> Nous ne sommes plus dans l'Ancien Testament que diable, mais dans le Nouveau et même plus loin, dans le tout à fait Moderne ! Il y a l'assurance-chômage, en attendant l'assistance sociale. Grâce à l'assurance-santé, mes petites histoires de maladies, le cœur, l'estomac et le reste, on me les a gentiment soignées à l'hôpital, pour des prunes. Du moins quand il n'y avait pas de grève (*V*, 156).

Ce Job n'est même pas un leader spirituel, ni même un citoyen, à peine un contribuable : c'est un bénéficiaire polyvalent. Ce Job est un job, ou plutôt *une djobbe* à la québécoise, précaire, à temps partiel, et pourtant en un sens sécuritaire, malgré l'orage qui plane « bêtement » au-dessus de la tête de l'anti-héros. Job ne s'adresse pas à Yahvé mais à Qui de droit, fonctionnaire ou ministre. Il élève « une plainte officielle, en bonne et due forme, à voix haute et forte même » (*V*, 155). Il ne trône pas sur un tas de fumier, il glisse sur un prélart. Ses trois amis, les trois « caves », les trois « vieux de la vieille », s'appellent Robert, Albert et Norbert. Robert enseigne la philosophie au cégep Olivier-Guimond[23], Norbert fut journaliste, Albert est fonctionnaire municipal[24].

L'Autre, le tout autre, le Tout-Puissant de cette fable politique, est appelé tantôt « On », tantôt « Il », parfois « Sa Ruse Suprême », titre pontifical, symbole de l'autorité abstraite et de

22. *Ibid.*, p. 130-131.
23. Il existe un CLSC de ce nom dans l'Est de Montréal.
24. Ce pourraient être Robert Bourassa et Norbert Rodrigue (ex-président de la CSN), Albert n'étant là que pour la rime et la frime.

la rumeur absolue, parfois le Très-Haut[25] ou « Plus Haut » (*V*, 170), comparatif assimilable, par-delà les ministères et organismes concernés, à la Justice, au Progrès, au Patrimoine, à l'Avenir, aux yeux de Job et de ses amis. Le Haut lui-même se sent gêné en État-providence et n'aime pas se présenter en Créateur ou en Horloger voltairien. Le rôle qu'il préfère, le plus douloureux, est celui de père (sans majuscule) blessé dans son fils, frère des laissés pour compte du « sens de l'Histoire... » (*V*, 173).

VOYAGES, LANGAGES

Dès 1975, avant les révélations ou confirmations posthumes du *Pas de Gamelin*, avant les recherches sur *L'Autre Ferron*[26], celui de la « catastrophe », du « désastre », Gilles Marcotte distinguait chez l'auteur du *Ciel de Québec* l'authentique « fou du village[27] » à la parole errante de l'habile, trop habile « habitant » ou artisan, « homme à syntaxe, à pentures, à cloisons », féru de noms de lieux, de petits faits « comme si par là il s'assurait d'un lien indéfectible avec le réel[28] ». *Du fond de* [son] *arrière-cuisine*, le sorcier ethnologue Ferron fabriquait des *Historiettes*, livrait des *Escarmouches* épiques. Pour Marcotte, au sous-sol comme au salon ou dans les chambres d'hôtel, *La Vie réelle* est une guerre totale, quotidienne, sans merci, une série d'« histoires » physiques et métaphysiques. Si le conteur est un « visionnaire du futur » (Novalis), la brèche qu'il pratique dans le « possible » est différente de celle qu'ouvrent le nouvelliste, le romancier, le critique.

Le narrateur de « Bonheur de voyager » cherche à organiser ses déplacements, à orienter la conduite de sa vie. « Comme les choses deviennent simples quand on les prend du bon côté [...] ! » (*V*, 58) s'exclame-t-il, perdu entre Londres, Paris et Rio de Janeiro. Or, on n'est pas ici dans un conte comme *L'Amélanchier* ni dans une religion ou une idéologie. Par aucun « côté » les choses ne donnent ni ne lâchent prise. On est lié à elles de mille façons, en toutes circonstances, comme on est lié

25. On ignore tout de ce Très-Haut, comme d'ailleurs de sa figure inversée, « à ras de terre », *Le Très-Bas* de Christian Bobin (Paris, Gallimard, « Folio », 1995). « Et c'est tant mieux. Ce qu'on sait de quelqu'un empêche de le connaître » (*ibid.*, p. 12). « Rien ne peut être connu du Très-Haut, sinon par le Très-Bas [...] ») (*ibid.*, p. 37).

26. Sous la direction de Ginette Michaud avec la collaboration de Patrick Poirier, Montréal, Fides-CETUQ, coll. « Nouvelles Études québécoises », 1995 (avec des inédits de Ferron).

27. « Pas plus que le conte, auquel il est associé, le village n'est donc une "forme simple" [...] ; c'est un lieu de métamorphose » dans l'ensemble de l'œuvre ferronienne (« Jacques Ferron, côté village », repris d'*Études françaises*, vol. 12, n°s 3-4, 1975, dans *Littérature et circonstances*, p. 251).

28. *Ibid.*, p. 256.

au langage. Pour illustrer la supposée simplicité des choses, le voyageur en question ajoutait à la première image trois proverbes : « [...] quand on ne cherche pas midi à quatorze heures, quand on ne brûle pas la chandelle par les deux bouts, quand on ne vend pas la peau de l'ours avant de l'avoir tué ! » (*ibid.*). Voilà des *Formes simples*[29], du moins en apparence : des vérités compactes, transportables, aussi utiles dans la vie courante que des instruments, des ustensiles, des choses.

Jusqu'au moment où on remarque que ces leçons de choses, ces concentrés d'expérience et de sagesse, ces moralités sont des contes, des voyages au bout de la nuit, des aventures en forêt, des rêves de chasse et de veille. On a plaisir à les réciter, à en faire des débuts, des bouts de récit. Anonymes, immémoriaux, les proverbes ne se (re)connaissent cependant pas comme écriture. Il faut, en les textualisant, les ouvrir à la « surprise », aux découvertes suscitées par le travail d'écriture ; à ces « mouvements vers un point, non seulement inconnu, ignoré, étranger, mais tel qu'il ne semble avoir, par avance et en dehors de ce mouvement, aucune sorte de réalité[30] ». Nous sommes donc passés d'une réalité à l'autre : de la fausse simplicité à la subtilité, des choses au récit ou à l'instauration d'un nouveau silence, structuré et inédit.

Le rapport le plus précis entre l'article d'André Belleau, « Maroc sans noms propres », et les textes de *La Vie réelle* sur le déplacement, le dépaysement, le brouillage d'identité n'est pas la distinction[31] entre le touriste de masse et le voyageur d'élite, le consommateur et l'acteur, le voyeur et le chercheur ; il est, dès la première page, la distinction entre le nom commun – « Les choses ne parlent pas » – et le nom propre qu'il faut « gagner en appelant quelqu'un ». « Une écriture moderne doit renoncer aux noms propres », donc « le récit de voyage est désormais impossible[32] ». Marcotte le sait aussi bien que Belleau. Celui-ci signe un essai[33] où les idées jouent comme des personnages dans une intrigue ; celui-là une histoire où les mots et les couleurs sont autant d'idées en mouvement. Leurs voyages sont

29. Suivant le titre du livre d'André Jolles sur certains « petits genres » littéraires (Paris, Le Seuil, 1972).

30. Maurice Blanchot, *Le Livre à venir* (Paris, Gallimard, 1959, p. 14), cité par Marcotte, *Littérature et circonstances*, p. 323.

31. Que discute et refuse, entre autres, Jean-Didier Urbain (*L'Idiot du voyage. Histoires de touristes*, Paris, Plon, 1991) : voir Serge Cantin « André Belleau ou le malheur d'être touriste », *Liberté*, n° 222, décembre 1995, p. 27 et ss.

32. André Belleau, « Maroc sans noms propres », dans *Surprendre les voix*, Montréal, Boréal, 1986, p. 49-50.

33. Voir sa « Petite essayistique » : « un essayiste est un artiste de la narrativité des idées et un romancier, un essayiste de la pluralité artistique des langages » (*ibid.*, p. 86).

des explorations du langage, leurs voyageurs des intellectuels rompus aux épreuves, aux détours, aux retours pour de nouveaux départs.

Les voyages mémorables ont lieu dans les mots[34], les langues, la sagesse (la folie) des nations : adages, proverbes, apophtegmes, slogans, clichés journalistiques ou publicitaires. « Bonheur de voyager » et « I love Paris » soulignent l'anglicisme *définitivement* (absolument), traitent « médusés » ou « majordome » comme des mots-personnages, emmagasinent les fruits de l'expérience : « moins l'hôtel est somptueux moins facilement on vous fait crédit » (*V*, 58). Les clins d'œil culturels se croisent. La cousine Emmanuelle, apparue nue en rêve, « fumant la pipe avec une élégance étudiée ! » (*V*, 57), est gonflée en *Naissance de Vénus* de Botticelli, mais on s'intéresse davantage à « la très belle Madame Marcotte de Saint-Hilaire peinte par Ingres et qui est au Louvre, oui au Louvre » (*V*, 69).

Les noms, les titres, les adresses dessinent une carte aussi précise, un itinéraire aussi imaginaire que le chapelet de villes côtières brésiliennes qui doivent conduire à Manaus : « je ferais partie du paysage, et l'on ne demande pas à un élément naturel d'où il vient ni où il va » (*V*, 59), prétend le rêveur narrateur, qui en revient toujours finalement aux sons, aux mots, aux noms communs derrière les noms propres : « Vous connaissez l'Amazone, l'Amazonie ? » L'ambiguïté s'accentue lorsque la contrée est présentée comme « terre amazone », cavalière, arborescente, hybride, « terre humaine », « puissante racaille de la forêt » (*V*, 60). Le voyage bouclé, il ne reste que *cela*, la sensation brute, la satisfaction béate, et un mot, un seul, « de plus en plus éloigné de sa forme première, devenant pur borborygme, bonheur, bohu, be, nu, br » (*V*, 61), qui se confond avec la musique (concrète) des éléments.

Au milieu de ce « Bonheur de voyager », plaisir physique, s'était soudain manifesté, tel un récif dans le récit, une île, un radeau, le « besoin absolu » de cette « extraterritorialité » (*V*, 56) entrevue aux consulats du Liechtenstein et du Canada, à moins que ce ne soit dans quelque ouvrage théorique ou technique (on confond souvent les deux dans les « sciences » de la littérature). Le mot lui-même, barbare[35], trop allitéré, imprononçable,

34. Peut-on imaginer « une aventure que les paroles, quelles qu'elles soient, ne sauraient faire dévier de son cours » (*V*, 115) ?

35. « Mais la ligne n'est pas facile à tirer entre une certaine barbarie terminologique, qui s'enchante sans fin de ses trouvailles plus ou moins utiles, et des néologismes appelés par un véritable travail. Il m'est arrivé d'utiliser, autrefois, le verbe "déterritorialiser", créé, si je ne me trompe, par Deleuze et Guattari. Je n'en suis pas très fier, car il est extrêmement laid. Mais enfin il constitue, dans certains travaux universitaires, une mesure d'économie appréciable ; il permet de passer vite à la ligne suivante. » (Gilles Marcotte, « John Updike lit Derrida », *Liberté*, n° 220, août 1995, p. 80). Passons.

s'intègre mal à la phrase, à la conversation, au discours mondain et diplomatique. L'auteur l'empaille, le naturalise (l'*artificialise*, car il n'y a pas de « naturel langagier »), non comme un oiseau rare ou un papillon exotique, mais comme un objet importé, emprunté, isolé dans une armoire-vitrine qui n'est pas une bibliothèque. L'économie de la prose narrative et le musée imaginaire de la fiction sont évidemment tout autres que ceux de la recherche fondamentale.

En détachant du langage des formules toutes faites, en les épinglant, en les collant comme des étiquettes, en les cadrant comme des cartes postales (le Corcovado, un « bouge, près du port »), ce petit manuel du parfait voyageur est en fait une interrogation[36] sur le dépaysement, la nostalgie, l'identité, à travers des syntagmes absents (*home, sweet home*), des objets personnifiés : la maison qui « attend » notre retour en fidèle servante, l'hôtel « plus que borgne, presque aveugle », où le voyageur échoue. « C'est que la maison, n'est-ce pas, n'est pas une notion simple » (*V*, 56). Elle peut être *occupée* comme un pays vaincu, conquis, acadien (« avenue Antonine-Maillet »). « Une chambre d'hôtel peut être libre ; une maison, la maison personnelle, la maison natale surtout, jamais [...] » Et que dire de sa chambre à soi dans sa maison ? Ce qui devrait être le plus intérieur, l'intime de l'intime, est ouvert à tous vents, à tous bruits, à une circulation incessante de stéréotypes et de prototypes qu'il faut vaincre, tuer, pour remettre en contact et en rapport conflictuel le temps, le langage et l'espace.

LE ROMAN (TROP PARFAIT) DU PROMENEUR SOLITAIRE

« La réception », à laquelle le narrateur ne parviendra que pour s'évanouir ou mourir dans les bras de ses hôtes – « et puis il » (*V*, 90), suivi d'un blanc indéfini – est un monologue de dix-huit pages, une phrase d'une seule coulée, sans alinéa, sans autre ponctuation que la virgule. Ce discours est le fruit ou la traduction d'une déambulation méditative et nerveuse à travers la ville. Un trajet et une trajectoire. La trace laissée dans l'être ou dans l'air par le passage d'un piéton qui est le contraire d'un badaud. Nullement intéressé par le spectacle de la rue, à l'exception d'une vitrine qui lui renvoie un instantané de sa propre image – « un Groucho Marx qui ne serait pas pressé et qui ne fumerait pas le cigare, le corps en avant il va tomber s'il ne fait pas attention » (*V*, 75) – il crée son théâtre intérieur à partir des méandres de la mémoire, des intermittences du cœur, des faiblesses de la volonté. Il s'appelle Jules Cornevin, même prénom,

36. « La réponse à toutes ces questions se devine facilement » (*V*, 55) à des détails vestimentaires reliés au temps, aux modes, au comportement.

pseudonyme équivalent à celui de Jules Fontaine adopté par Octave Crémazie en exil.

Notre narrateur, fasciné par le prénom[37] Emma (Bovary ?) et qui fait de ses amis, de ses hôtes, Jacques et Marie, un syntagme figé, Jakémarie – couple aussi indissociable que celui du titre d'un « vieux roman canadien de Napoléon Bourassa qu'on refilait aux collégiens autrefois à la place de Balzac, Stendhal, Flaubert et compagnie qui étaient à l'Index » (*V*, 76) –, a lui-même jadis commis un petit roman banal, convenable en tous points, langue et mœurs, avec « une scène de sexe assez réussie ». Un roman que les critiques n'ont pas compris, c'est normal, et qu'une seule personne avait « vraiment pris au sérieux » (*V*, 79), elle, une femme, ELLE, la femme, Anne, *autour* de laquelle s'organise « La réception ». Cette lectrice superbement incarnée, améliorée, c'est l'héroïne même du petit roman. Elle s'en est échappée, ou plutôt l'a rejoint, dépassé, pour venir, cette fois, envahir la vie de l'auteur et bloquer la production d'un second roman.

C'est là que tout se déglingue, le désir, la mémoire, l'imagination, l'élocution, la ponctuation : « ça ne peut que se terminer mal mais enfin *c'est du roman ce n'est pas*, ce n'est que du roman, dans la vie n'est-ce pas les choses se passent différemment » (*V*, 80). Comment lire cette phrase, ces phrases, en particulier le segment que j'ai souligné ? Y aurait-il une faute de syntaxe, une erreur typographique (« ce n'est pas » mis pour « n'est-ce pas », comme à la ligne suivante) ? S'il y a lapsus, il est volontaire : il s'agit d'un *lapsus lingæ*, celui du locuteur, du personnage Jules Cornevin, non d'un *lapsus calami* du nouvelliste Gilles Marcotte. C'est et ce n'est pas du roman, c'est et ce n'est pas la vie, dit en même temps, confus et lucide, le narrateur, ex-romancier amoureux. La question romanesque – voix, intrigue, temps, noms, vraisemblance, lisibilité, signature, réception – est au centre de l'histoire vécue et racontée.

Comment, par exemple, imaginer le dialogue d'une Marie « parleuse, parleuse » et d'un Jacques « pas muet non plus quand il y a du monde » (*V*, 77) ? « [...] ensemble, tout seuls, l'un face à l'autre, ce n'est pas possible ils doivent parler en même temps, et puis tout à coup voilà ils s'endorment, ils s'endorment en parlant » et « continuent de parler en rêve » (*V*, 78). Le narrateur, au contraire, ne parle qu'avec (à) lui-même, il rêve en parlant, il rêve de parler, de réagir, d'agir. Il voudrait « écrire sans

37. En tout cas (« *what's in a name* », dit-il après Shakespeare), il « ne fuit pas une femme il fuit un prénom » (V, 74) ; « alors quand il rencontre Emma, c'est Anne qu'elle s'appelait il ne veut pas se rappeler mais c'est Anne qu'elle s'appelait » (V, 83), et au diable les virgules.

complément » (*V*, 84), ce qui correspond à marcher sans borne, sans but, au hasard, sans direction ou dans toutes les directions.

En tant que critique, Gilles Marcotte[38] s'est récemment interrogé sur la « rage de l'expression » des écrivains québécois contemporains, sur leur confiance naïve, excessive en la « fécondité de l'improvisation ». À tout « principe de continuité », ils préfèrent l'imprévu, les détours, le saut. Au lieu de se spécialiser dans un genre, un registre, un style, ils les essaient tous, parfois en même temps. Au lieu de construire une œuvre (telle Anne Hébert), de « faire carrière », d'inscrire « Profession : écrivain » sur leur passeport (comme Hubert Aquin), ils ne veulent que l'« action littéraire », le geste d'« écrire » intransitivement, infiniment.

Dès le début, malgré ses tergiversations antérieures et son regret d'avoir accepté la quatrième invitation, « la mauvaise », le narrateur prévoit, prépare sa chute : « tout à coup il marche d'un pas plus ferme, plus décidé, plus rapide, comme s'il lui tardait de goûter à sa propre défaite, il est presque gai, la perspective de s'ennuyer durant deux heures lui donne des forces, et plus vite il arrivera plus vite il pourra repartir » (*V*, 74). Tout le récit est ainsi ponctué d'arrêts sur image, sur nom, sur souvenir, de projections incertaines, de redémarrages, reprises, ralentissements, accélérations. D'action rêvée en inaction réelle, de passion refoulée en demi-aveu, le récit s'accomplit en se niant, en se fuyant. Il y a deux ans, brisé par l'amour, le non-amour, il avait traversé la moitié de la ville comme un fou : « c'était sur lui-même qu'il marchait, lui-même qu'il piétinait » (*V*, 77). II fait encore de même, avec rage contre celle qui « serait entrée chez les Carmélites » ou « aurait épousé un ingénieur de Moose Jaw » (*V*, 83). À la fin, il voudra toujours « en même temps fuir et avancer » (*V*, 90). Est-ce possible, dans la vie comme dans le roman ?

MONTRÉAL EN TÊTE

Montréal, un Montréal mi-imaginaire mi-réel, est présent par bribes, par bandes, par allusions, par l'institution littéraire, pas l'atmosphère et le climat, par des toponymes dans « La réception ». Sundown est le quasi-anagramme de Snowdon, rue et quartier. Une grande artère et quelques rues transversales du centre-ville sont évoquées lorsque le narrateur distrait s'égare un moment. On se trouve dans l'Est évidemment, quelque part au sud du Plateau Mont-Royal, car les rues

38. « La ligue nationale d'improvisation », *Études françaises*, vol. 29, n° 2, automne 1993, p. 119-126. Voir aussi François Ricard, « L'écriture libérée », *ibid.*, p. 127-136.

> [...] se ressemblent avec leurs maisons toutes pareilles mais le mauvais goût des nouveaux propriétaires y a mis parfois des couleurs vives, des vérandas toutes neuves à la moderne qui permettent de les distinguer, ce rouge vif par exemple ne se voit que rue Malone et c'est un incroyable balcon en fer à cheval surmonté d'un drapeau québécois qui identifie la rue Painter entre Sherbrooke et Panet-Raymond, bon il doit revenir jusqu'à Sherbrooke la rue Malone ne débouche sur rien (V, 84).

On s'en doutait : le narrateur a dépassé les carrefours animés, la croisée des chemins, l'ouverture métropolitaine sur « toutes sortes de pistes, de routes, d'autoroutes » (*V*, 87). Sa voie s'est rétrécie, il est engagé bon gré mal gré dans une impasse, un cul-de-sac.

Même s'il varie sa cadence et s'il s'égare brièvement, le rapport de Jules Cornevin à la ville n'est pas celui des flâneurs classiques, romantiques. En adoptant pour un moment « le pas du flâneur », ce passant joue un autre jeu que celui du loisir, de l'oisiveté, du vagabondage, de la curiosité, de l'errance. Il se représente lui-même, se dédouble, s'étudie, cherche à se définir : « il avance à petits pas comme un vieillard, le vieillard qu'il sera dans combien d'années déjà, difficile à dire car en un sens il l'est déjà » (*V*, 81). Sa flânerie n'est qu'une pause temporaire, une interrogation détournée.

Ce piéton tendu, angoissé, n'a rien à voir par exemple avec l'aimable chroniqueur Hector Fabre arpentant autrefois « de quatre heures à cinq » la rue Notre-Dame. Dans ses recherches sur Montréal imaginaire, Gilles Marcotte a bien montré la différence entre la mélancolie et la nostalgie sans passéisme de la ville poétique ou romanesque au XIXe siècle et les innombrables ruptures, fractures, de la métropole contemporaine. La ville *dixneuviémiste*, balzacienne , baudelairienne, est déchirée entre deux postulations : « le rêve de durée, de permanence que signifie l'écriture et une vision historique de la ville qui la condamne au renouvellement sans fin, à l'innovation et à la destruction[39] ». Or, le narrateur de « La réception » n'est ni un « flâneur du passé », un homme « de l'origine, de l'histoire, de la parole pleine, de l'unité[40] », ni apparemment l'homme du labyrinthe, de l'ouverture, du multiple, de la perte sans fin et sans fond.

« Comment ne pas penser que dans cette ville, Montréal, le texte moderne et la ville, sur le point de se joindre, sont séparés par quelque empêchement insurmontable ? » écrivait

39. Gilles Marcotte, « Un flâneur, rue Notre-Dame », *Études françaises*, vol. 27, n° 3, hiver 1991, p. 30.
40. *Ibid.*, p. 32.

Gilles Marcotte à propos des *Chroniques d'Hector Fabre*[41]. C'est encore le cas, semble-t-il, du narrateur-héros, antihéros, de « La réception », tricoté trop serré, emmailloté, limité au petit monde villageois des institutions culturelles, de la bureaucratie et des communications. Mais le texte lui échappe, le dépasse, comme naguère l'héroïne de son premier roman ; il se bute au réel dans son discours, dans son texte, et le réel vient le buter.

C'est dans sa tête, avec des conditionnels passés et des futurs antérieurs bouchés, que se promène l'invité de Jacques et Marie. Il y crée son propre monde, y dessine une ville, voix et voies, où se rencontrer et se perdre. « Habiter une ville, c'est la perdre, ne jamais cesser de la « perdre[42] », depuis Baudelaire ; la ville « natale », naturelle, est devenue « un théâtre et un pays étrangers[43] ». Sur cette scène vide, ouverte à tous vents, le narrateur de « La réception » se découvre inconnu, inédit, hors de lui, « condamné à rester pour toujours dans les ténèbres extérieures » (*V*, 90). Devenu sujet et personnage, protagoniste, auteur, il consent enfin à gommer tous ses repères, à s'égarer[44] sans espoir de retour, à s'absenter de lui-même comme de son environnement et de son entourage, de son travail, de son amour : « le désert derrière vous », « le désert devant » (*V*, 86).

Après son banal premier roman, Jules Cornevin en compose un autre sans le publier, peut-être sans l'écrire, comme Jules Fontaine alignait les vers dans sa tête au lieu d'achever l'interminable « Promenade de trois morts » d'Octave Crémazie. Mais alors, en exil de l'amour, en marge de la société, ce « célibataire besogneux », ce fonctionnaire[45] se perd dans la foule, se confond avec les murs et les couleurs de la ville en ce soir de novembre, « brouillard, suie, pollution » :

> [...] à certains moments de la journée mon nom disparaît, je suis anonyme, je n'y suis pour personne et peut-être pas pour moi-même, je marche, il y a des gens, on ne se connaît pas, c'est le plaisir de la grande ville (*V*, 76).

L'ouverture par le désert.

41. *Ibid.*, p. 35. Sur l'« homologie » entre la chronique — genre léger, libre, gratuit, futile, « féminin »..., mais ni « demi-genre » ni « petit genre » — et la ville moderne, voir *ibid.* François Ricard, « Sur une idée de Léon Gérin ou de la littérature comme frivolité » (p. 73-89).

42. Gilles Marcotte, *ibid.*, p. 31.

43. Walter Benjamin, cité *ibid.*, p. 30.

44. Car « écrire non ce n'est pas éclaircir les choses et les rendre plus acceptables, c'est au contraire tout brouiller et tout enchevêtrer [...], écrire c'est s'égarer » (V, 85).

45. J'allais écrire *petit*, tant il est gris et minutieux, mais hiérarchiquement il s'agit d'un cadre intermédiaire, proche à plusieurs points de vue du Marcel Fournier qui fait le point sur lui-même dans le récit *Un voyage* (Montréal, HMH, 1973).

Son second roman aux visées contradictoires – « Mauriac se donnant les dimensions de l'épique », « madame de La Fayette lisant Joyce ou Robbe-Grillet » (*V*, 87) –, existe-t-il ou non ? En grosses capitales, les seules de cette histoire et parmi les très rares du recueil : « IL N'A PAS ÉCRIT CE ROMAN IL N'A PAS NOIRCI CES QUATRE CENTS FEUILLES DE PAPIER JAUNE, JAMAIS ELLES N'ONT PESÉ DE TOUT LEUR POIDS DANS SES MAINS » (*V*, 88). Cette espèce d'avertissement, de télégramme venu d'une autre voix, d'un autre texte n'est sans doute pas à prendre au pied de la lettre, fût-elle majuscule. Jamais en tout cas ce manuscrit n'a eu autant de volume et de poids, de chair que maintenant qu'il est nié, renié. Cette « peau de papier » qu'endosse un homme nu, elle lui colle à l'âme, à cette « grosse âme obèse sans aucune pudeur qui salue à droite et à gauche comme si le spectacle commençait » (*V*, 89). Il n'y a pas de première fois, ni d'adieu, dans un spectacle qui se renouvelle constamment. Il n'y a ni « bons romans » ni « vrais romans » ni « roman pour initiés » (*V*, 90) devant la vie sans commencement et la mort sans fin.

« S. » OU LE SALUT PAR LE VIDE

« S. » est l'histoire étrange, très *Mittel Europa*, entre Kafka et Agota Kristof, d'une famille de personnes déplacées[46] vivant d'expédients dans une ville étrangère. Humilité besogneuse, souffrance discrète, fierté meurtrie, naïveté et méfiance : tous les ingrédients du genre sont au rendez-vous. Le premier tableau, nostalgie d'un « pays natal » jamais nommé mais toujours désigné, est celui de la mère canadienne-française brossé par Jean Le Moyne[47] un peu avant la Révolution tranquille : elle « s'emparait au hasard d'un des cinq ou six enfants qui traînaient autour de la planche à repasser, le serrait violemment sur sa vaste poitrine, et continuait. Cela pouvait durer des heures » (*V*, 194). Cela dure depuis trois ans à S. Un visiteur est un « événement inouï ». Il en viendra plusieurs, jusqu'à dix, qui, « toutes questions matérielles et spirituelles réglées », deviendront *chambreurs* (comme on dit à Montréal). Des relations correctes, mais aucun « contact verbal », sinon un *ssshhhhh* « péremptoire accompagné du doigt sur la bouche » (*V*, 204), entre ces sous-locataires distingués et les incertains locataires en titre du luxueux appartement qu'on agrandit de l'intérieur en déplaçant les meubles.

46. Suivant le vocabulaire de l'après-guerre. On dirait aujourd'hui réfugiés (politiques, économiques) ; ceux de « S. » sont une sorte d'exilés culturels.

47. Voir *Convergences*, Montréal, HMH, [1961], 1964, p. 70-72, 105-106.

Dans la belle ville de S., qui ressemble comme une sœur à Strasbourg[48], où le quotidien local, régional, porte le titre de *Dernières Nouvelles de S.* (au lieu d'*Alsace*), l'historique, le touristique et le contemporain se mêlent « de façon ingénieuse ». Le « mausolée du maréchal Samson » y est plus vraisemblable – mais est-il plus vrai ? – que la « bataille de Morne-et-Batave ». Car le plus composite est l'onomastique, avec une « grand-place Meschonnic » qui ne peut être que littéraire. Qui était Josef Strxcli ? Quel est ce « gibet spécialement aménagé pour les criminelles du sexe » (*V*, 206) ? Faut-il choisir, et suivant quels critères, entre « l'église de Saint-Maximilien-des-Petits-Soucis » et « l'abbaye de Saint-Wenceslas-aux-Grands-Pieds » ?

Le mobilier domestique est à l'avenant : lourdement patrimonial, riche, gothique, baroque, agrémenté de « colonnes tantôt doriques, tantôt ioniques ». Le « dressoir à pieds sculptés » n'est pas une bête assoupie ; il bouge sans se sentir « dépaysé ». « Voyez autour de vous ces meubles superbes ornés de losanges, d'entrelacs, d'étoiles, de bâtons rompus, de zigzags, de billettes, de frettes crénelées, de gaufrages, de damiers, d'imbrications » (*V*, 198) ! On trouve de tout dans ce « capharnaüm » : à voir, à boire et à manger (« gaufrages »), à jouer (« damiers »), à mesurer, à calculer, à rêver ; on y évoque la conversation à « bâtons rompus », la théorie et ses « imbrications », peut-être même indirectement le climat et la prononciation (« frettes ») du « pays natal[49] ». « Admirez ce coffre de voyage servant à la fois de huche à pain, de banc, de bahut ! Voyez ce poêle à deux ponts, sur lequel roucoule un très beau samovar (*V*, 198) ! De la description notariale, balzacienne d'un magasin d'antiquités, on est passé au pur plaisir des mots (*samovar)* et des voisinages surréalistes.

Plus que l'histoire, l'architecture, l'ameublement et les conventions sociales, c'est la langue qui dépayse la famille installée provisoirement à S. Cette langue, « d'autant plus difficile qu'elle ressemble étrangement à la nôtre » (*V*, 196), avec les *faux amis* et autres « relations d'incertitude » que cela implique, élève un « mur » entre les visiteurs et leurs hôtes, même à l'université. Narrateur[50], le fils aîné, aidé de ses frères, s'emploiera à

48. On sait par les dictionnaires et notices biographiques que Gilles Marcotte a donné des cours de littérature québécoise à l'Université de Strasbourg durant l'année scolaire 1970-1971.

49. Dont le nom est sous-entendu. « Beaucoup de choses, dans ce récit, perdraient de leur vérité si on tentait de les expliquer » (V, 199).

50. Qui écrit « à l'imparfait » (V, 200) un récit québécois au sens grammatical, générique et historique du terme, comme « tentation et limite à franchir » et comme « ce qui se donne, dans son projet même, comme expérience de langage jamais terminée, interminable », (Gilles Marcotte, *Le Roman à l'imparfait*, Montréal, La Presse,1976, p. 17-18).

détruire systématiquement, avec des bombes, les murs de cette société qui se dérobe. « Forcément, des liens se tissent » à parcourir la ville pour choisir des cibles, repérer des lieux, organiser des tactiques. « Nous détruisons, oui, mais aussi, comprenez-vous, nous faisons vivre, nous animons » (*V*, 210). Pour bien se salir les mains et prouver qu'il en a, le théoricien du groupe, Elphège[51]-Karl, a construit un « édifice intellectuel » d'envergure dont les matériaux sont empruntés à Hegel et la forme, ou le style, à la bande à Bonnot.

La mère n'est pas seulement gérante, comptable, calculatrice et géomètre, spécialisée dans la multiplication des locataires et l'organisation de l'espace domestique, elle est aussi une mathématicienne mystique ; comme Pascal, « elle visait les grands nombres, elle aspirait à l'infini » (*V*, 208). Sans réussir, comme son mari, à *toucher* littéralement « le vide du coude ou de la main » (*V*, 207), la mère trouve des accents à la fois (contradictoirement) platoniciens, pascaliens, claudéliens et quelque peu sartriens pour remercier le Ciel de la « grâce étonnante » qui est faite à sa famille, « la grâce du vide, oui je dis bien la grâce du vide et j'oserais parler de néant si le mot n'avait, dans le pays dont nous venons [...] des connotations désagréablement négatives [...] » (*V*, 208). Les fils font un tout autre pari (la dialectique), s'initient à une science plus concrète (la chimie) pour rejoindre leur mère « sur les sommets où de toute évidence sa nature s'épanouissait ». Les perspectives seront seulement inversées. « S » ou la solution finale, la révolution totale, la liberté par le vide.

Quant au père, en « congé sabbatique de la grande université où il enseignait les mathématiques », l'Europe l'a écrasé, démoli. Il est devenu tout chose. Seul patrimoine dont dispose sa famille, il se fait « chaise parmi les chaises, tradition parmi les traditions » (*V*, 199). Ses airs d'éternelle victime-née donnent envie à ses enfants de « le tuer un peu ». Il leur épargnera cette peine, métaphore ou métonymie. « Ah ! » s'était-il exclamé, jaloux devant la richesse descriptive des meubles anciens. Pour son propre séant – néant –, il ne choisit donc pas un authentique fauteuil Louis XIII, mais une modeste « berçante de style plus récent, indéfinissable », québécoise pour tout dire, qui le fait ressembler, *horresco referens*, au « Pépère », monologué par Yvon Deschamps.

Le dernier tableau de « S. », après quelques activités terroristes des fils de la maison qui désencombrent la ville de ses monuments, sinon de son histoire, est celui de la disparition du père. D'abord ignoré et évité dans sa berçante que chacun

51. Un nom ducharmien : « Quelle littérature fais-je, Elphège ? » (*Le Nez qui vogue*).

salue et contourne au milieu de la grande salle familiale, le père est peu à peu « parti ». On s'en aperçoit trop tard. Il explose place Xotlz, dans l'édifice classique de la Faculté de mathématiques, retrouvant là le degré d'abstraction qui convient à sa profession, à ses origines, à son rôle. « La berçante est restée où elle était depuis toujours, au centre de la pièce de séjour, et nous faisons tous les efforts, tous les détours qu'il faut pour ne pas la heurter » (*V*, 213). C.Q.F.D.

LES CHOSES, LA CHOSE

« Les choses se passent comme vous voulez, j'espère, monsieur ? » demande la réceptionniste de l'hôtel. On répond machinalement oui, mais non, les choses ne (se) passent pas bien du tout. Elles se bloquent, se cassent, s'incrustent, « Monsieur a la clé, mais il n'a que la clé. Ils ont la chambre » (*V*, 40), répliquait plus haut le même personnage à une plainte de son client dont la chambre est occupée par une famille nombreuse et un monstrueux lapin des Flandres. Celui-ci — « Il s'appelle Théodore » est le titre de la fable — transforme son interlocuteur, le « voyageur solitaire » (*V*, 50), en objet, en simple « nécessité de la vie » (*V*, 43). Avec lui, il faut, même si c'est mortel, « négocier[52] » à tout prix. Son commerce n'est pas la conversation, l'amitié, mais le marchandage, la circulation des objets et la lutte pour l'espace vital.

Comment définir le monde ? « Ce qui est là. Ce qui existe encore, malgré tout » (*V*, 100). Pour combien de temps ? Contre qui, contre quoi ? «Le survivant » d'un désastre absolu — incendie, mort de la femme et des enfants —, fou de douleur, le visage enfoui dans le sol, parle « des restes d'autres choses qu'il ne saurait nommer, à quoi il ne voulait absolument pas penser » (*V*, 97). Les choses — de la vie, de la mort —, c'est ce à quoi on ne veut ni ne peut penser : l'inerte, l'indifférent, l'hermétique, plus brut, plus *bête* encore que les bêtes.

« Le pire, c'est la demi-mort, l'entre-deux, la vie en fantasmes » (*V*, 33), le contraire de la vie *réelle*, de même que la « réalité crue » est opposée à la *littérature*, à l'évasion verbale ou imaginaire. Faut-il rédiger, à la manière de Crémazie ou de Jules Fontaine en 1870, un minutieux et banal *Journal du siège de Paris* ? Faut-il tenter d'« écrire, décrire », à la façon du notaire (comptable, économe) Patrice Lacombe, « comme si les choses n'étaient que des choses » (*V*, 145) ? Opposer le réalisme (classique) au romantisme ou à la (post)modernité ? Les choses, ou comment s'en débarrasser, dirait Ionesco en attendant Beckett.

52. Ce verbe est un leitmotiv (*V*, 40, 44, 47, 51...).

Il y a l'univers objectif, étalé, offert – « C'est le monde. C'est l'objet. C'est le donné, quel cadeau » (*V*, 31) –, et une sorte d'arrière-monde, d'autre monde, sinon d'outre-monde. Autrement dit, le monde tel qu'il est a un arrière-goût (qui est un avant-goût) de négation, d'absence. Il est impossible d'« empêcher les choses de suivre leur cours » (*V*, 32), qui va vers l'égout. Il y a l'ordre (l'ordonnancement) immuable des choses, naturel, normal, bien emboîté, et l'ordre (l'injonction) final, annoncé mais inattendu, inévitable, de la Chose, l'horrible face à face. « La chose ? Elle me regarde, je le jurerais » (*V*, 178).

« Ce qu'il y a[53] », c'est une série de manques, de souffrances, de passages à vide, de propositions négatives : rencontre ratée[54], fuite, limites du plaisir charnel, liberté enchaînée, bruits « de moins en moins humains » (*V*, 94) de la mi-septembre dans la campagne du Bas-Saint-Laurent, paysage qu'on « n'arrive pas encore à penser », première neige, hiver définitif. « J'espère un silence comme il n'en a jamais existé. Je veux savoir *ce qu'il y a* [...], et ce sera peut-être banal à en mourir » (*V*, 95). Est-il jamais banal, est-il innocent de mourir ?

Dans le monde des choses, les œuvres et objets d'art prennent un relief et un sens particuliers. Il est beaucoup question de livres, de théâtre et de représentation, de musique, de chant, de peinture, d'architecture et d'urbanisme dans *La Vie réelle*. Tout cela, non pas catalogué, archivé, mais dangereusement humain, vivant, menacé. Le narrateur de « La fin de l'été » se croyait « entré dans une aventure que les paroles, quelles qu'elles soient, ne sauraient faire dévier de son cours » (*V*, 115). D'un souffle il fera un chant ; d'un visage, un jardin, une plage, la courbe d'un geste, les rayons d'une lampe. Il – par Elle – illuminera un instant la nuit, sa nuit. La voix de femme se fêle, la clarté lunaire « découpe » le paysage, l'air se boit. Une fête se prépare qui n'aura pas lieu. Car, dans la maison voisine d'un couple de peintres, Elle, l'inconnue, l'étrangère, s'abandonne soudain aux larmes et à la pose théâtrale, « comme à l'opéra », ce qui a pour conséquence de « l'*exclure du tableau*, lui », le narrateur, l'auteur, l'artiste de cette « dernière illusion ». « Tout est noir maintenant » (*V*, 119).

Ailleurs, dans « Comédie » justement, un acteur en répétition trébuche[55] d'entrée de jeu sur une *chose insolite*, « un vrai

53. V, 91-95. Cadre et atmosphère semblables, en plus tragique, dans les deux histoires qui suivent, « Le survivant » et « La fin de l'été ».

54. Simone, « éclatante de vérité » (*V*, 94), est une *vision*, une apparition/disparition.

55. Plus loin, il trébuchera dans sa réponse à l'interrogatoire des policiers : « Seule la pensée du cadavre, du vrai cadavre, survenant de manière inopinée au milieu d'une de mes phrases les mieux construites, m'a fait trébucher » (*V*, 189). Comme quoi une *pensée* peut avoir des conséquences aussi pratiques que le *réel*.

cadavre, comme il n'y en a pour ainsi dire que dans la vie, déjà un peu raide, résistant, en quelque sorte permanent » (*V*, 177). Ce corps mort n'est pas celui de l'auteur, trop discret, ni d'un critique, indiscret. Serait-il celui d'une passion éteinte, d'une jalousie annoncée ? « Comme il est réel ! » (*V*, 181) Ce n'est pas lui qui se mettrait dans la peau d'Hippolyte (*Phèdre*) ou qui pasticherait Saint-Denys Garneau (« Je marche à côté d'une fille »). Ce n'est pas un « personnage » ; il joue seulement « le rôle que lui attribuent les circonstances, celui de modifier la mise en scène et par là le sens même de la pièce » (*V*, 187). Plutôt que de devenir spectre, de se changer en statue[56] du Commandeur, notre cadavre « retourne à la vie commune, à la prose » (*V*, 191), sinon au garde-meuble ou au magasin des accessoires.

« Il vient un moment où, certaines choses s'étant passées, certaines choses ayant été dites, il faut conclure à tout prix » (*V*, 189), dans la vie comme au théâtre. Le dénouement de « Comédie » se trouve dans « l'âge terriblement réel » de Madeleine, la directrice, l'ex-comédienne, l'ex-amante, la rivale (meurtrière) de Macha. Elle dépasse tout à coup son âge pour venir à sa propre rencontre.

*
* *

Une certaine parenté rapproche les « histoires » de *La Vie réelle* de l'essai de George Steiner, d'un tout autre type que celui de Foucault, sur l'« abrogation du contrat entre mot et monde[57] ». Celui-ci oppose la question de Leibniz– « Pourquoi n'y a-t-il pas rien ? » — au « minuit de l'absence », au « néant fatal » creusé par la modernité européenne : rupture avec « tout sens du sens stable », « décomposition du moi », subversion nietzschéenne, apories idéologiques et théoriques, ère du soupçon et de la déconstruction, *épilogue* de l'après-Logos, « après-Mot », après-Sens.

« Seul l'art peut dans une certaine mesure rendre accessible, éveiller quelque peu à la communicabilité, *l'altérité profondément inhumaine de la matière* [...] », écrit Steiner[58]. On en a des exemples chez Marcotte, dans les jeux désespérés de « Comédie » ou du « Quintette de Schubert », le musée du vieil homme, quadragénaire « indigne », le roman imaginaire du promeneur montréalais, les anti-récits de voyage à Paris ou à

56. Ce rôle est tenu par Madeleine, la tragédienne, dont chaque parole semble « lourde et sèche comme la pierre » (V, 187).

57. *Réelles Présences*, Paris, Gallimard, « Folio », 1994, p. 163. Le sous-titre original (1989) — *Is there anything in what we say* ? — est plus direct que le sous-titre français : *Les arts du sens*.

58. *Ibid.*, p. 172. C'est moi qui souligne.

Rio, le passage dans « S. » du signe algébrique à la lettre, de la formule mathématique et chimique à une sorte d'*antimatière*. Le lien que fait Steiner entre la littérature, les arts et l'affrontement de la mort – « facticité » qui « résiste entièrement à la raison, à la métaphore » et qui fait de nous des « travailleurs immigrés », des « frontaliers dans les hôtels de la vie[59] » –, on peut le retrouver à chaque page de cette *Vie réelle* qui désigne une Mort non moins réelle, brutale dans son retour à la matière brute. Il ne s'agit pas de nous « familiariser » avec la mort – « encore que la musique y arrive presque », pour Steiner comme chez Marcotte –, mais d'en montrer sous l'impassible banalité l'étrangeté, l'horreur, l'inhumanité[60].

La vie *réelle*, c'est étymologiquement (et paradoxalement) celle des *choses* inanimées, utiles ou encombrantes, qui nous imposent leur présence. Elles sont au premier plan des « circonstances » qui entourent l'art, la littérature, qui président à la vie humaine en lui donnant non seulement un cadre mais souvent un sens. Or, quelle est cette « chose » familière et étrange que tel mot, telle page, telle image désignent, traversent ? Est-ce la maison ou sa chute, la veilleuse ou son extinction ?

> La fin vient, on savait qu'elle venait, mais elle vient trop vite ! Cette maison là-bas s'abîme dans l'obscurité, puis telle autre ; et tout à l'heure il ne restera plus qu'une ou deux lumières, des veilleuses. Et peut-être que rien n'aura existé [...] (*V*, 118).

Les choses ne disparaissent pas si facilement, si complètement. Elles se transforment. On n'en a jamais fini avec leur matière. Leur poussière est la nôtre. Leur passage est celui du langage, qu'elles marquent de leur poids. Dans l'énergique inertie qui les caractérise, les choses poursuivront éternellement un destin qui nous échappe.

59. *Ibid.*, p. 173.

60. Ce que recherchent l'artiste, le poète, « le penseur comme donneur de formes », c'est la « rencontre de l'altérité au lieu précis où cette altérité est, dans son essence profonde, la plus inhumaine » (*ibid.*, p. 174).

La réversibilité des arts : littérature et peinture au confluent de la critique (Zola, Huysmans)

ISABELLE DAUNAIS

On sait qu'un large pan du discours scientifique sur la perception visuelle au XIXe siècle, sous l'impulsion de Goethe et de façon encore très vivante chez des critiques d'art comme Félix Fénéon ou Jules Laforgue, défend l'idée que toute image est d'abord la trace sur la rétine de la lumière et du mouvement, et même déjà la transformation de cette trace. Le principe veut que, soumises au processus de la vision, les images de la réalité ne soient jamais fixes mais en constante mutation, donnant à voir le spectacle de déconstructions, de distorsions, plus largement d'écarts. Baudelaire a exprimé cet attachement à la transformation optique, citant sa propre fascination pour l'image, ou plutôt les images, d'une voiture ou d'un navire en mouvement : « Le plaisir que l'œil de l'artiste en reçoit est tiré, ce semble, de la série de figures géométriques que cet objet, déjà si compliqué, navire ou carrosse, engendre successivement et rapidement dans l'espace[1] ». Cette conception de l'œil source

1. Charles Baudelaire, *Le Peintre de la vie moderne*, chapitre XIII : « Les voitures », *Curiosités esthétiques. L'art romantique*, Paris, Bordas, « Classiques Garnier », 1990, p. 501.

de toute image trouve une place « naturelle » dans la critique d'art : Huysmans, par exemple, croit que Berthe Morisot jouit d'une « disposition spéciale des paupières » qui lui permet de mieux capter la finesse et la ténuité des taches de lumière, et que les « rétines malades[2] » de Cézanne l'entraînent vers un art nouveau. De même, l'attention que Zola porte, dans ses critiques d'art, à l'espace des couleurs rappelle les expérimentations de Goethe sur la persistance de la vision, au moment où l'œil, après avoir fixé pendant quelque temps une source lumineuse, continue de percevoir des irradiations colorées. Proposées dans leurs effets optiques avant que de renvoyer à un sujet ou même à un savoir-faire, les tableaux de Manet forment ainsi aux yeux de l'écrivain-critique, et les exemples sont nombreux, des « masses puissantes », des « taches magnifiques » et des « lumières s'étalant par plaques[3] ». Tout se passe comme si le regard évaluait avant l'esprit, et dans un détachement similaire, la distance que le regard du peintre avait lui-même creusée, de sorte que la concordance entre le tableau et la critique opère sur un effet de vision à la fois instable et éphémère.

Cette perception synthétique suggère cependant davantage qu'une seule dynamique de la perception. Elle déplace, du peintre vers l'observateur, la composition des tableaux, dans une sorte de relais des *causes* de l'image. Plus exactement, elle signale que si le regard de l'artiste est soumis à des variations optiques, il en est de même pour celui du critique qui exerce lui aussi une activité de « plein air ». Comment, en effet, ne pas concevoir que le spectateur puisse lui aussi être affecté d'une vision particulière, ou que les circonstances d'observation du tableau ne colorent leur description ? Plus encore, ne peut-on supposer que le critique fonde précisément son activité, et la *conception* de son activité, sur cette fluctuation même, c'est-à-dire sur une valeur d'écart ? Ce qui intéresserait la critique, ce ne serait pas de « fixer » des images, mais bien de les relancer, et cela malgré les limites imposées par le genre, ou à cause de ces limites, qui font des tableaux des objets à conserver au-devant de l'écriture, plutôt que des objets à égaler ou à dépasser. Au-delà des questions de circonstances — multiplication des expositions à recenser et des journaux accueillant les *salons* ; importance de la peinture comme lieu d'expérimentation de la modernité et

2. Joris-Karl Huysmans, *L'Art moderne/Certains*, Paris, U.G.E. « 10/18 », 1975, p. 225, 271. Huysmans estimait que la plupart des peintres impressionnistes « pouvaient confirmer les expériences du Dr Charcot sur les altérations dans la perception des couleurs qu'il a notées chez beaucoup d'hystériques de la Salpêtrière et sur nombre de gens atteints de maladies du système nerveux ». p. 97. Jules Laforgue, quant à lui, croit en une évolution darwinienne de l'œil qui expliquerait en partie l'avènement de l'impressionnisme.

3. Émile Zola, *Écrits sur l'art*, Paris, Gallimard, « Tel », 1991, p. 152, 122.

de discours sur l'avant-garde – il faut se demander pourquoi tant d'écrivains, au XIXe siècle, ont écrit sur la peinture, pourquoi ils ont été si nombreux à vouloir décrire ou analyser des tableaux, bref pourquoi la critique d'art a été pour eux un tel *chantier* ?

Le texte critique offre certes la possibilité de prolonger l'image en même temps qu'on la résume, d'en redoubler le mouvement en même temps qu'on le définit. Ce relais de l'écriture place le critique d'art dans une position analogue à celle du peintre des *Ménines*, dont Michel Foucault a relevé le geste ambivalent et réversible : « Le peintre est légèrement en retrait du tableau. Il jette un coup d'œil sur le modèle ; peut-être s'agit-il d'ajouter une dernière touche, mais il se peut aussi que le premier trait encore n'ait pas été posé[4] ». Au peintre imaginé par Vélasquez, et qui superpose en un seul geste suspendu l'égale possibilité d'un début ou d'une fin (comme le courtisan au fond du tableau semble aussi bien entrer dans la pièce qu'en sortir, tant son corps, sur les quelques marches, s'oriente vers deux directions à la fois), on pourrait en effet substituer le critique d'art, observateur prudent, dont les descriptions permettent tout autant de conclure le tableau que de l'ouvrir, de saisir l'image peinte que d'en créer une nouvelle.

Cette situation d'« entre-deux », d'un destinataire devenant destinateur en s'incorporant l'œuvre qu'il met à distance, n'échappe pas non plus à la « modernité » esthétique de la seconde moitié du XIXe siècle, qui a largement exploré, tant en littérature qu'en peinture, la *frontière* du réel : charge des instants, effets de résonances et d'allégements, vacuités et intensités des objets. Superposition de deux arts et de deux regards, la critique d'art est par excellence le lieu de l'esthétique moderne et de ses quêtes, plus spécifiquement du désir de réunir dans une expression ou une représentation minimales, presque effacée, la possibilité de significations multiples d'atteindre dans un en-deçà des formes ce qui peut être un point de départ comme un point d'arrivée. Il faut s'arrêter à la particularité de cette rencontre entre la littérature et la peinture à l'époque d'une telle mesure du réel. Si les liens entre les deux arts, autour du réalisme et du naturalisme, ont été largement commentés, on oublie trop souvent de voir comment la critique comme genre et comme forme participe *elle aussi* de la modernité. Au moment où la littérature sonde pour elle-même la possibilité de tels équilibres entre l'advenu et le supposé, entre le prolongement et la retenue, la critique d'art permet de concentrer l'effort des mots sur des objets exemplaires (ou perçus ainsi),

4. Michel Foucault, *Les Mots et les choses*, Paris, Gallimard, « Tel », 1992 [1966], p. 19.

c'est-à-dire qui constituent eux-mêmes des porte-à-faux du réel. Autrement dit, ce que la critique d'art offrirait à l'écrivain de la modernité, c'est l'occasion privilégiée d'explorer, comme objet mais aussi comme mode d'expression, une esthétique de la *réversibilité*, d'unir en une même opération d'écriture ce qui vient après le tableau et ce qui le fonde.

Au départ d'une telle exploration, se profile, héritée de la conception romantique de la critique esthétique[5], l'idée que le texte critique (en général) est l'« exécution » de l'œuvre, « la méthode de son achèvement[6] ». Walter Benjamin voyait dans la critique telle que définie par le romantisme allemand « la présentation du noyau "prosaïque" contenu en chaque œuvre », c'est-à-dire la mise au jour de la « consistance éternellement sobre de l'œuvre[7] », sa formule pourrait-on dire. Cette prose de l'œuvre s'entend en effet comme sa forme essentielle, une fois qu'elle a été dégagée de ses détails, de ses excroissances et, serait-on tenté d'ajouter, de ses manifestations. Il s'agit de trouver ici le résidu le plus discret et à la fois le plus nécessaire de l'œuvre — Benjamin parle des « dispositions cachées » de l'œuvre, de ses « intentions secrètes », dans une métaphore de la visibilité (ou de l'invisibilité) qui dit bien l'effacement que la critique doit atteindre et signaler. La critique entreprend ainsi un mouvement de retour à ce qui, dans l'œuvre, précède tout ornement, tout prolongement ; elle concentre en une même synthèse l'objet et ses suites. C'est pourquoi la « sobriété », en tant que contraire de ce qui excède, en-deçà d'un développement des formes, pourrait très bien se traduire par l'idée d'une réversibilité de l'acte critique. Si la critique comme « méthode d'achèvement » des œuvres a pour but d'accéder à un « noyau prosaïque », c'est que l'achèvement s'entend comme le dévoilement d'un en-deçà, comme le retour de l'œuvre à ses conditions minimales. Benjamin relève que pour Novalis « seul l'inachevé est compréhensible, seul il est à même de nous mener plus loin[8] ». Toute la difficulté de la critique repose sur ce paradoxe, c'est-à-dire sur la conciliation de l'inachèvement et de l'achèvement, d'un mouvement vers l'avant qui prolonge l'œuvre et en poursuit les principes, et, à l'inverse, ou comme en négatif, d'un mouvement vers le début de l'œuvre, vers ce qu'elle prolonge.

D'emblée, il semble que la littérature ait vu très tôt dans la « description de tableau » l'occasion de sonder les limites du langage. Au moment où l'attention des écrivains pour la

5. Selon le titre de l'étude de Walter Benjamin, *Le Concept de critique esthétique dans le romantisme allemand*, Paris, Flammarion, « La Philosophie en effet », 1986.

6. *Ibid.*, p. 111-112.

7. *Ibid.*, p. 161.

8. Cité par W. Benjamin, *ibid.*, p. 112.

peinture s'accentue, la hiérarchie des arts, malgré Hegel (et Victor Cousin...), s'établit en défaveur de la littérature. Celle-ci peut certes tout exprimer, mais cette compréhension est souvent perçue comme faite au détriment de l'intensité et de la densité, dans un amoindrissement général de l'effet. Friedrich Schlegel, par exemple, croit en la supériorité de la sculpture sur les autres arts : en permettant tous les points de vue, en réunissant en un seul objet une pluralité d'images, l'œuvre sculpté exprime au mieux le multiple, le mobile. Et malgré tous les possibles du roman, Balzac trouve dans la musique une immédiateté de communication inaccessible aux autres arts (la peinture y parvenant, malgré tout, mieux que la littérature). Même Baudelaire signale en creux les limites du langage, qui, plus que tout autre mode d'expression, est confronté au « fini » de sa forme :

> J'ai souvent entendu dire que la musique ne pouvait se vanter de traduire quoi que ce soit avec certitude, comme le fait la parole ou la peinture. Cela est vrai dans une certaine proportion, mais n'est pas tout à fait vrai. [...] Dans la musique, comme dans la peinture *et même dans la parole écrite, qui est cependant le plus positif des arts*, il y a toujours une lacune complétée par l'imagination de l'auditeur[9].

Comparé aux autres modes d'expression, le langage des mots se verrait ici « limité » par sa trop grande précision, cédant ainsi peu de place à l'imagination ou aux autres liens. Partout le drame des mots, face aux *matières* des autres arts, est la discontinuité : « Là où le peintre semble saisir les visages dans leur élément, cette harmonie, ce lisse de chair et de toile, le texte fragmente misérablement[10] ». Ce que la peinture offre à l'écrivain en quête d'immédiateté et de continuité mélangées – mélange résumé par la « méthode » de Constantin Guys telle que Baudelaire la relève : « à n'importe quel point de son progrès, chaque dessin a l'air suffisamment fini[11] » –, c'est la tentation (et la leçon) du continu. La peinture, dans sa matérialité, est sans hiatus, et dès lors sans excès, sans scorie, sans partie hétérogène, alors que les mots menacent toujours le texte de rupture ou de déviation, de surcroît (on pense à la quête de Flaubert pour une langue simple et unie, collant sans aspérité au référent à décrire). Il n'est pas étonnant que de Balzac jusqu'à

9. Ch. Baudelaire, « Richard Wagner et Tännhauser à Paris », *op. cit.*, p. 694. Je souligne.

10. Jean-Claude Morisot, « Roman-théâtre, roman-musée », *Balzac. Une poétique du roman*, Montréal, XYZ éditeur et Saint-Denis, Presses universitaires de Vincennes, 1996, p. 137.

11. Ch. Baudelaire, *Le Peintre de la vie moderne*, chapitre V : « L'art mnémonique », *op. cit.*, p. 471.

Maupassant, de Baudelaire jusqu'à Apollinaire, la peinture ait été le sujet de tant de scrutation de la part des écrivains, qui l'ont décrite, commentée, ou alors mise en récit et en personnages. La peinture donne à penser, sinon à rêver, cette accélération des données, leur passage immédiat à la densité comme à d'autres formes possibles, cette fameuse « condensation » par laquelle Balzac définissait l'œuvre d'art[12] et qui contient en son principe l'exécution de son contraire : l'expansion et la multiplicité. Le grand défi du langage, dans l'esthétique moderne, est d'atteindre le plus grand degré de condensation, de transformer les heurts du discontinu en passages souples et chargés, de donner aux mots plus de mobilité.

Mieux sans doute que l'illustration « idéale » des valeurs esthétiques d'un art dit moderne, la peinture offre aux écrivains de la seconde moitié du siècle l'occasion de forcer les limites imposées par le discontinu des mots. La critique d'art, en effet, n'est pas que discours sur la peinture, elle est aussi, au moment des descriptions, l'expérimentation d'une saisie d'emblée problématique, non parce que la critique participe d'un art du temps et le tableau d'un art de l'espace — cette distinction, déjà dépassée par les travaux sur la perception optique dès le début du siècle, s'opposerait à ce que les écrivains voient (et je dirais cherchent) dans la peinture, à savoir des effets de prolongement —, mais parce que la mimesis porte moins sur le sujet narratif du tableau (l'action, les lieux, les personnages, les objets) que sur les transformations optiques qu'ont subies ce sujet, et qu'il *continue* de subir. La peinture est problématique pour l'écriture (et, dirais-je, l'intéresse pour cette raison) parce qu'elle n'est pas une image première, mais une image seconde, parce qu'elle exprime une distance avant de représenter une action ou des objets, et que cette distance n'est pas fixe mais aléatoire.

Les exemples de Zola et Huysmans qui, ensemble, quoique chacun à sa manière, ont « couvert » les peintres de la modernité, sont particulièrement significatifs de cette rencontre du continu et du discontinu. Les descriptions (ou le peu de descriptions) que l'on trouve dans leurs écrits sur l'art montrent que si la peinture semble d'abord échapper à l'écriture, elle s'inscrit toutefois dans cet espace de l'avoisinement, de l'approximation que crée, ou rappelle le langage des mots et qui devient une façon de dire *comme* la peinture, de reproduire et de

12. On pense à l'article « Des artistes » dans la livraison du 11 mars 1830 de *La Silhouette* : « [L'œuvre d'art] est, dans un petit espace, l'effrayante accumulation d'un monde entier de pensées, c'est une sorte de résumé ». Mais Félix Davin, derrière lequel se profile Balzac, parle lui aussi, à propos du texte balzacien, d'« intensité » et de « condensation ». Introduction aux *Études philosophiques*, *La Comédie humaine*, Paris, Gallimard, « Bibliothèque de la Pléiade », t. X, 1979, p. 1210.

poursuivre le langage pictural. À moins qu'à l'inverse, les deux écrivains aient découvert dans la peinture moderne une façon de représenter comme le font les mots. Dans l'un et l'autre cas cesserait la déficience du littéraire, seraient instaurées une égalité ou une continuité entre les deux arts. Zola et Huysmans auraient ainsi, de façon parallèle, élaboré une critique d'art qui ne repose pas sur la *précision*, mais qui repose au contraire sur tout ce que les mots peuvent suggérer d'hésitation et de distance. Plus exactement, c'est par l'approximation, le flou, les *écarts* de la description que les deux critiques auraient cherché à décrire les tableaux recensés. L'organisation de ces textes, leur propre rapport au pouvoir des mots reproduisent la distance inscrite dans le tableau entre l'image peinte et la réalité observée.

Chez Zola comme chez Huysmans, la difficulté à décrire prend souvent la forme d'une butée, d'une limite du langage qui se refuse à la précision, mais qui s'ouvre par cela même à la mobilité de la perception. Zola atteint très vite ce qu'on pourrait appeler la fin de la description, comme si, en privilégiant la synthèse, il allait directement à une conclusion. *La Chanteuse des rues*, de Manet, est ainsi décrite qu'elle n'est plus en fin de course que l'expression d'un tableau réussi : « Une jeune femme, bien connue sur les hauteurs du Panthéon, sort d'une brasserie en mangeant des cerises qu'elle tient dans une feuille de papier. L'œuvre entière est d'un gris doux et blond ; la nature m'y a semblé analysée avec une simplicité et une exactitude extrêmes ». Ailleurs, c'est une jeune femme qui, simplement, a « un charme indicible », l'œuvre d'un grand maître formant du reste « un tout qui se tient[13] ». Cette forme de non-description, qui consiste à gommer les détails du tableau et à réduire extrêmement son sujet, apparaît sans doute moins chez Huysmans qui, de manière générale, donne assez précisément le détail et le sujet des tableaux qu'il recense. Mais on observe chez l'auteur de *Certains* et de *L'Art moderne* la même tendance que chez Zola à tenir le tableau à distance, à résister à son approche, comme si seule sa périphérie pouvait être atteinte. Un portrait par Whistler possède une « expression indéfinie d'âme » ; les visages de Forain sont « comme sublimés » ; chez Degas, « ce qu'il faut voir c'est la couleur ardente et sourde[14] ».

Vite atteintes, les limites de la description tendent alors à soustraire le tableau au regard. L'image est comme « interrompue » par cela même qui, aux yeux du critique, en marque la réussite : sa simplicité, l'harmonie de ses masses, sa maîtrise. Mais il faut préciser : si ne plus décrire c'est ne plus montrer, c'est ne plus montrer l'*image première* qu'est le sujet représenté.

13. Zola, p. 157, 162, 134.
14. Huysmans, p. 286, 220, 261.

Parlant du *Déjeuner sur l'herbe* (et avec la même formulation que Huysmans pour Degas), Zola précise que « ce qu'il faut voir dans le tableau, ce n'est pas un déjeuner sur l'herbe, c'est le paysage entier, [...] cet ensemble vaste, plein d'air, ce coin de la nature rendue avec une simplicité si juste, toute cette page admirable dans laquelle un artiste a mis les éléments particuliers et rares qui étaient en lui[15] ». Zola efface l'image du tableau pour mettre à l'avant-plan la naissance de la toile, c'est-à-dire le moment de la perception et de la conception. Voir « le paysage entier », l'« ensemble vaste », « toute cette page admirable » où se trouvent des « éléments particuliers et rares », c'est offrir, en ne disant rien, le tableau dans son achèvement — dans son « noyau prosaïque » dirions-nous avec Benjamin — mais aussi dans sa disponibilité, et dans ce qui, à partir de là, pourrait s'y inscrire. Dans cette mise à distance jouent bien sûr la mobilité du regard et les effets d'optique, que le spectateur du tableau est en droit d'expérimenter, *lui aussi*. Car si Berthe Morisot profite d'une « disposition spéciale des paupières », l'observateur peut à son tour transformer optiquement l'image contemplée : « Reste enfin Mme Morisot, qui envoie des ébauches égales aux esquisses de l'année passé, de jolies taches qui s'animent et exhalent de féminines élégances, lorsque les yeux plissent et les sortent du cadre[16] ». Par un jeu du regard analogue, Huysmans « recompose » le portrait de Duranty par Degas : « De près, c'est un sabrage, une hachure de couleurs qui se martèlent, se brisent, semblent s'empiéter, à quelques pas tout cela s'harmonise et se fond en un ton précis de chair [...][17] ». Dans les deux cas, la distance focale privilégiée est celle qui réduit l'image à un maximum d'unicité.

Si l'avoisinement résulte de la difficulté de dire, il est parfois difficile de distinguer entre le flou créé par l'écriture et celui intrinsèque au tableau. C'est le cas, par exemple, des « jolies taches [qui] s'enlèvent dans une atmosphère un peu bleutée » que Huysmans relève dans une marine de Boudin, ou de cet « essai de fleur » que le critique signale sur « une toile brouillée et blanchâtre » de Quost. Est-ce le peintre qui « tente » une fleur, du bleu et du blanc, ou le critique qui hésite à voir cette fleur, ce bleu et ce blanc ? Sans doute les images sont-elles ici bleutées et blanchâtres, mais la valeur d'effacement ou d'usure des termes employés induit une relativité proche de la réversibilité : la

15. Zola, p. 159.

16. Huysmans, p. 225.

17. Huysmans, p. 121. De même à propos d'une nature-morte de Cézanne : « De près, un hourdage furieux de vermillon et de jaune, de vert et de bleu ; à l'écart, au point, des fruits destinés aux vitrines des Chevet, des fruits pléthoriques et savoureux, enviables ». (p. 270.)

frontière entre le tableau et sa description disparaît. On en arrive, encore une fois, à l'idée d'un tableau décrit dans ses écarts, et, partant, dans ses virtualités, plutôt que décrit dans sa fixité[18].

Plus largement, Zola et Huysmans élaborent chacun un espace intermédiaire entre *l'indicible* de la toile (ce que l'écriture ne peut pas représenter) et l'*au-delà* de la toile (ce que l'écriture apporte en plus, les voies qu'elle suggère). Cet espace intermédiaire, qui révèle le tableau mais peu, repose sur l'*en-deçà* de l'image, c'est-à-dire sur la distance que le critique donne certes à combler, mais aussi à maintenir parce que là au fond est l'action, et le pouvoir, des mots. Kandinsky était d'avis que, dans la peinture, « il subsistera toujours quelque chose de plus que les mots n'épuiseront pas, et qui ne sera pas un accessoire, un superflu luxueux du ton, mais son essence même[19] ». Selon cette logique de l'inépuisement, l'art du critique consisterait à atteindre l'« essence » picturale non par une parfaite coïncidence des mots et de l'image, mais au contraire par leur distance, par leur pouvoir à ne pas saturer l'image. On pense à la définition de la littérature que propose Michel Foucault dans *La pensée du dehors* : « La littérature, ce n'est pas le langage se rapprochant de soi jusqu'au point de sa brûlante manifestation, c'est le langage se mettant au plus loin de lui-même[20] ». L'action du langage est ici très proche : c'est par la distance qui a priori semblerait rendre impossible la rencontre entre peinture et critique que se fonde la description des tableaux chez les deux écrivains. Le rapport d'identité s'établit entre les deux « écarts » : celui du tableau par rapport à l'objet représenté, et celui des mots vis-à-vis de la peinture. Mais encore faut-il que les deux empans concordent, qu'ils expriment une distance commune. C'est ici que les « fragments » du langage cessent de s'offrir comme déficients. Tout au contraire, le discontinu du texte devient la mesure la plus juste des tableaux : là où on s'attendrait à ce que les mots ne puissent « couvrir » la totalité de la toile, ils signalent

18. Par cette valeur relative ou paradigmatique des mots, l'écriture se rapproche de la peinture, ou tout au moins d'une certaine conception de la peinture au XIXe siècle voulant que la couleur vienne après le dessin et ne lui soit pas nécessaire. Ainsi que le montre Bernard Howells, tant Goethe que Schopenhauer et Chevreul font de la couleur en art l'objet d'une sélection, un aspect du tableau qui renvoie directement à l'idée d'écart : « tied to affect and partly untied from form, colour enjoys a flexibility which is the privilege of the peripheral ». Bernard Howells, « The problem with colour. Three theorists : Goethe, Schopenhauer, Chevreul », *Artistic Relations. Literature and the Visual Arts in Nineteenth-Century France*, P. Collier and R. Lethbridge ed., New Haven and London, Yale University Press, 1994, p. 84.

19. Kandinsky, *Du spirituel en art, et dans la peinture en particulier*, Paris, Denoël, « Folio/Essais », 1989, p. 164.

20. Michel Foucault, *La Pensée du dehors*, Fata Morgana, 1986, p. 13.

plutôt les vides du tableau, effacements, brouillages, retenues. La réversibilité change de site : elle n'opère plus seulement sur le moment, terminal ou inaugural, de l'œuvre (qui tout aussi bien commencerait ou se terminerait dans l'acte critique) ; elle agit comme une équivalence entre la peinture et l'écriture, mieux, comme une ambiguïté quant à leur rôle respectif dans l'élaboration de l'image.

Il faut dire que le vocabulaire de ce qu'on pourrait appeler l'« approximation » abonde chez les deux critiques. Une couleur est « plus ou moins », « presque », « un peu » claire ou sombre lorsqu'elle n'est pas « une sorte de clarté gaie[21] » (Zola) ou « une ombre noire, tout à la fois profonde et chaude[22] » (Huysmans). Une telle précaution n'aurait rien de particulièrement remarquable si elle ne s'accompagnait pas souvent, et dans un voisinage très immédiat, de l'idée que les tableaux sont *étranges* et donc inscrits dans une forme d'éloignement ou de hiatus. C'est le cas des œuvres de Gustave Doré dont Zola nous dit de ne pas trop approcher, car tout y est « étrangeté » ; de celles de Manet qui ressemblent par leur « élégance étrange » à des dessins japonais ou encore de celles de Monet, « frappant[es] de coloration et d'étrangeté[23]». Huysmans trouve quant à lui que certaine couleur de Degas est « mystérieuse », qu'un portrait de femme de Whistler fait penser à une « inquiétante Sphynge », qu'une actrice peinte par Forain « ébaubit et déconcerte », que Cézanne a peint de « désarçonnants déséquilibres[24] ». Accompagnée de l'étrangeté des œuvres, l'approximation verbale ne renvoie plus cette fois à la difficulté de dire, mais à l'image elle-même. Si une toile est « plus ou moins » bleue, blanche ou grise, « un peu » claire ou « presque » sombre, ce n'est pas parce que le critique hésite à dire, qu'il cherche ses mots ou joue de prudence, mais parce que le tableau est lui-même incertain, ou, plus exactement parce qu'il a pour sujet, ou pour propos, l'avoisinement ou le déséquilibre. Le discontinu n'appartiendrait pas au seul langage des mots, il existerait aussi dans la peinture, ou à tout le moins y serait reporté par le critique. L'écriture renchérit sur la peinture en signalant les hiatus du tableau ; elle reste du côté de l'en-deçà parce que l'image s'y trouve aussi. Le langage n'est pas ici à la remorque d'une image qu'il ne saurait décrire, il est à la hauteur de cette image parce qu'il ne peut la décrire.

Chez Zola, l'idée d'une distance à conserver, et même à montrer, apparaît assez nettement dans le relais que le critique

21. Zola, p. 151.
22. Huysmans, p. 285
23. Zola, p. 61, 152, 353.
24. Huysmans, p. 261, 286, 221, 271.

instaure fréquemment, via un regard second, entre le tableau et la description. Zola situe presque toujours les œuvres dans l'espace concret où elles se trouvent et dans le rapport qui les lie au spectateur, en l'occurrence le public des salons. Le tableau se définit alors comme un objet soumis au regard, existant dans la perception et dans ce que cette perception se trouve à privilégier. Les « masses », les « pans » et les « taches » que l'écrivain relève chez Manet procèdent de cette distance, comme le « trou » que font si souvent sur le mur, aux yeux de l'écrivain, les œuvres réussies.

À la jonction de ces deux distances, celle inscrite dans le tableau, celle recherchée par le critique, l'esthétique moderne sert de lien naturel. Les deux écrivains ont chacun célébré des peintres dont ils partageaient les visées et la pratique esthétiques. Zola privilégie par-dessus tout la simplicité des peintres modernes, simplicité qui rend les toiles mobiles, vivantes, presque fondues à l'espace réel des salles d'exposition, comme en constant transit entre l'art et la vie. Huysmans célèbre pour les mêmes raisons les toiles de Gauguin et de Cézanne, ou encore de Caillebotte : « La facture de M. Caillebotte est simple ; sans tatillonnage ; c'est la formule moderne entrevue par Manet, appliquée et complétée par un peintre dont le métier est plus sûr et les reins plus forts[25] ». On a presque ici, dans ces Caillebotte vus par Huysmans, un exemple de critique comme « achèvement » et révélation d'un « noyau prosaïque » de l'œuvre de Manet. Huysmans, il est vrai, perçoit souvent les tableaux dont il fait la recension comme les prolongements des uns les autres, attribuant implicitement à ces œuvres une valeur de « critique ». C'est le cas, notamment, avec une série de Degas qu'il relie en un même récit continu, comme si chaque toile représentait un autre moment de la précédente[26]. La valeur d'effacement joue ici pour beaucoup, comme si l'image retournait elle-même à son point départ. C'est ainsi que Huysmans écrit, à propos des tableaux de Bartholomé au salon de 1881 : « C'est un dessin très décidé, *mais d'une couleur un peu assoupie*. M. Bartholomé est, en somme, un des seuls peintres qui comprennent la vie moderne[27] ». Le tableau, en quelque sorte, amorcerait lui-même l'acte critique, serait déjà son propre commentaire : le texte critique y trouverait naturellement prise.

Aussi nous retrouvons-nous, un peu paradoxalement, devant une critique qui s'accorde aux œuvres qu'elle dépeint à cause de la distance même qui l'en sépare, qui trouve à représenter le tableau par ce qui, dans le langage, permet

25. Huysmans, p. 103.
26. Huysmans, p. 116-117.
27. Huysmans, p. 172.

d'exprimer l'avoisinement. La description scripturale devient la suite logique du tableau et même, serais-je tentée de dire, elle en devient la suite naturelle. Ce que le langage a d'intrinsèquement approximatif par rapport au réel, la distance qui sépare les mots et les choses, rapproche plutôt que n'éloigne la description de l'image à représenter. Mais une telle coïncidence n'est possible qu'un certain laps temps. Dès lors que la description se développe, qu'elle augmente le nombre des détails mais aussi celui des avoisinements et des approximations, une autre image menace de se substituer au tableau. Trop décrire, c'est ne plus décrire, en quelque sorte, mais créer une nouvelle image qui n'a plus rien à voir avec la première et ne permet pas d'y retourner. L'art du critique consiste ainsi à ne pas transformer l'en-deçà de sa description en un au-delà, ce qui aurait pour effet d'annuler l'acte informatif de la critique et, bien sûr, la peinture décrite.

Inversement, il est possible de concevoir que la peinture puisse n'offrir aucune prise à l'écriture et que la critique non seulement ne puisse rien prolonger, mais ne puisse rien retrancher. L'indicible ne relèverait pas d'une trop faible exactitude des mots, mais de ce qu'aucun espace ne leur soit consenti, de ce qu'aucun en-deçà de l'image, aucun retour plus avant ne puissent être conçus. On sait qu'en 1896, devant la radicalisation de la modernité picturale, Zola cesse ses critiques d'art. Sa réaction, d'effroi, paraît celle d'un homme dépassé sur son propre terrain par la jeune génération. Mais si, derrière cette colère de Zola, il y a un dépassement, ce n'est peut-être pas tant celui d'un discours par rapport à un autre, d'une avant-garde par rapport à une autre, que celui de l'image par rapport à la description, du pictural par rapport au scriptural. Rappelons-nous les reproches faits par l'écrivain à la nouvelle peinture : « au Salon, il n'y a plus que des taches, un portrait n'est plus qu'une tache, des figures ne sont plus que des taches, rien que des taches, des arbres, des maisons, des continents et des mers. Et le noir reparaît, la tache est noire, quand elle n'est pas blanche. [...] Noir sur noir, blanc sur blanc [...]. » Et s'ils ne sont pas « exsangues, d'une pâleur de rêve[28] », les tableaux sont trop colorés, trop contrastés, trop étranges. Ces excès de couleur ou de pâleur produisent les mêmes résultats : le tableau est trop plein ou trop vide pour que la description puisse s'y arrimer. Trop pâles ou trop peu contrastées, les toiles empêchent tout effacement supplémentaire ; trop vives ou trop inattendues (Zola se récrie devant des chevaux orange, des paysages violets et des joues bleues), elles empêchent tout début d'effacement, ou

28. Zola, p. 469.

d'allègement. Privés de l'espace, entre l'indicible et l'en-deçà, où ils pourraient œuvrer, les mots de la critique d'art ne peuvent plus prolonger la toile et par là-même ne peuvent plus la dire.

Ce qui se joue ici, c'est la fin (du moins pour Zola) d'une concordance, d'une commune mesure entre l'espace du tableau et celui du langage des mots. On pense à la fin du *Chef-d'œuvre inconnu*, lorsque la « Belle Noiseuse » de Frenhofer découvre aux yeux de ses spectateurs étonnés la séparation d'entre la « terre » et les « cieux », tant l'idée, chez Zola, est celle d'une rupture, d'un retour en force du discontinu. Pour que la rencontre s'effectue de nouveau, il faudrait que le critique réajuste ses descriptions en fonction du nouvel écart, qu'il pousse plus avant encore les limites mimétiques du langage, et invente des avoisinements et des rapports de distance beaucoup plus heurtés ou beaucoup plus ténus.

Au-delà d'un tel effort, l'excès de modernité que semble à Zola la peinture de la génération montante peut également se lire comme un excès de « sobriété ». Ce que l'écrivain perçoit dans ces tableaux dont il ne relève que la monochromie ou, à l'inverse, que la polychromie, et dont il réduit le dessin à des taches et rien d'autre, c'est peut-être bien un principe à ce point dénudé, à ce point « prosaïque » qu'il est devenu totalement irréductible. Il est difficile de distinguer, dans le sursaut de 1896, la part d'exclamation qui revient à Zola amateur et admirateur d'art et celle qui revient à Zola *critique* d'art. L'une et l'autre se rejoignent bien sûr dans la désapprobation générale adressée à l'art nouveau. Mais le descripteur est sans doute ici plus inquiet, puisqu'il n'est pas confronté qu'aux seuls tableaux : il lui faut aussi décrire et donc prendre la difficile mesure de ce qui sépare la peinture du langage. Ici, Zola ne trouve plus à dire ; le passage de l'œuvre à la critique prend fin. Mais cette fin n'intéresse que le texte, car à y regarder d'un peu près, la critique – au sens d'*achèvement* relevé par Benjamin – a bien lieu, spectaculairement déplacée dans le tableau lui-même. Les toiles que Zola « refuse » seraient en quelque sorte des « critiques » ratées des œuvres qu'il avait encensées quelques années auparavant : « dès qu'on insiste, dès que le raisonnement s'en mêle, en arrive-t-on vite à la caricature » ; « jamais je n'ai mieux senti le danger des formules, la fin pitoyable des écoles, quand les initiateurs ont fait leur œuvre et que les maîtres sont partis[29] ». Le propos de Zola est peut-être bien ici, avant la peinture, la critique.

29. Zola, p. 470, 473.

Peut-on parler, pour la seconde moitié du XIXe siècle, c'est-à-dire pour l'époque des débuts de la modernité, d'une *ut pictura poesis* circonstanciée ? À voir tant d'écrivains décrire la peinture on pourrait croire, en effet, à un moment de fusion privilégié et nouveau, dont on ne verra plus d'équivalent par la suite, sauf autour de certains projets précis (surréalisme, automatisme). Mais il faut peut-être poser la question autrement. Si la critique d'art, de Baudelaire à Apollinaire, est si largement pratiquée par des écrivains, c'est peut-être parce que leurs propres recherches les ont fait s'intéresser à celles que menaient parallèlement les peintres. Au-delà d'un effet d'institution, l'attention que portent les romanciers et les poètes du XIXe siècle à la peinture doit aussi se comprendre en fonction de préoccupations *littéraires*. Comme en témoignent Baudelaire, Flaubert, ou encore Fromentin, les écrivains travaillaient déjà à cette mesure du réel entre le peu et le multiple, le prolongement et la condensation, le début et la fin des objets, et dont la critique, dans ses moments de réversibilité, donnait une illustration exemplaire. Dès lors que la peinture et la littérature ont cessé de s'intéresser aux mêmes objets — ou aux mêmes formes — les écrivains n'auraient plus trouvé dans la critique un lieu d'adéquation à leurs travaux. La réaction de Zola peut se lire comme la constatation étonnée, et troublée, de la fin de cette concordance. Elle signalerait en creux combien étaient contiguës, dans l'exploration de leurs limites et de celles du réel, littérature et peinture, aux débuts de la modernité.

Document

Littératures visibles et invisibles

INTRODUCTION

LISE GAUVIN

Sous ce titre énigmatique, un atelier réunissait, en mars 1996 à la Sorbonne, quelques écrivains invités à réfléchir sur les conséquences d'un choix, celui de la langue française, dans leur propre pratique d'écriture. Ou plus exactement sur la traversée des langues et, par le fait même, des cultures dont procède leur engagement d'écrivain. Car la notion même de francophonie ou d'écrivain francophone devient suspecte dès qu'on cherche à masquer sous une étiquette commode – le fait d'écrire en français – les conditions et conditionnements qui interagissent sur l'une ou l'autre des situations singulières. Qu'y a-t-il de commun, en effet, entre la situation de l'écrivain du Québec, partagé entre le français d'usage, le vernaculaire québécois et l'anglais très voisin, et la situation du romancier d'Afrique, qui doit traduire les mots de sa langue maternelle dans une langue autre et pourtant nationale, entre l'écrivain de Belgique, pour qui le français est la langue « naturelle », et l'Antillais partagé entre le substrat créole et le français véhiculaire ? La notion même de francophonie n'a-t-elle pas été l'objet d'une dérive sémantique importante, dans la mesure où, selon l'usage de plus en plus établi, elle semble vouloir exclure les écrivains français eux-mêmes ?

L'écrivain, on le sait, n'écrit pas dans la langue commune et son premier travail est de trouver son langage – voire sa langue – dans la langue. Mais l'écrivain francophone a ceci de particulier que la langue d'écriture est un espace à inventer et à conquérir à partir des multiples possibles que lui offre la proximité d'autres langues, dont certaines, liées aux cultures de l'oralité, font partie de son propre patrimoinc langagier. Partagé entre la défense et l'illustration — et tout en sachant qu'écrire, ce n'est jamais ni défendre ni illustrer une langue quelle qu'elle soit — il doit re-négocier son rapport à la langue française et pratiquer ce qu'Édouard Glissant nomme une « stratégie du recours et du détour ». Stratégie qui prend les formes les plus diverses, selon les contextes et les historicités en jeu.

C'est ce que j'ai désigné ailleurs sous le nom de *surconscience linguistique*[1] de l'écrivain francophone, surconscience qu'il partage avec d'autres écrivains qui se trouvent comme lui en situation de relations conflictuelles, ou tout au moins concurrentielles, entre plusieurs langues. La langue pour lui est fondamentalement une pratique du soupçon, un lieu de quête et de désir, l'objet d'un questionnement.

Les écrivains dont les témoignages suivent rendent compte à leur façon de cette surconscience. Voici les questions que je leur proposais comme pistes de réflexion :

— Comment, dans votre propre pratique d'écriture, vivez-vous le rapport avec la langue ou les langues que vous avez traversées ?

— Dans quelle mesure le fait de vous adresser à un double public, celui plus immédiat de la collectivité d'origine et celui d'une francophonie plus étendue, a-t-il influencé ou modifié vos choix stylistiques ?

— Dans quelle mesure l'exotisme tel que revendiqué par Segalen, c'est-à-dire une « esthétique du divers » et une figure de l'hétérogène, est-il réalisable sans recourir à une dialectique du centre et de la périphérie ? Ou encore de l'écart — irrégularité — face à une norme généralement admise ?

Les portraits qui se dégagent de ces témoignages n'ont de commun que leur complexité. Il est tentant d'attribuer aux écrivains concernés, *mutatis mutandis*, les impossibilités dont parle Kafka dans sa lettre à Max Brod : « l'impossibilité de ne pas écrire, l'impossibiblité d'écrire en allemand, l'impossibilité d'écrire dans une autre langue ». Tant la pratique même de l'écriture, dans un contexte de décentrement ou de périphérie, devient objet de suspicion et s'apparente à une course à obstacles. L'écrivain francophone, qui préfère se désigner sous le nom de francographe, sait au départ qu'il doit s'appuyer sur des dualités croisées, souvent antagonistes, et sur des lectorats qui ne font qu'amplifier l'ambiguïté de sa situation. Ses stratégies sont multiples : elles vont de l'intégration de mots étrangers à la création lexicale en passant par la traduction « en simultané ». Il parlera de greffes et de mémoires des langues,

1. Cf. *Littérature*, n° 101, 1995, « L'écrivain et ses langues ».

de sens connotés et dénotés, de rythmes aptes à rendre des éléments de cultures dont il sait par ailleurs qu'elles demeureront à tout jamais intraduisibles ou souterraines. Ce faisant, il reste sensible au risque toujours possible de récupération et à la menace constante d'un « désormais vous serez savoureux ou vous ne serez pas » (Godbout), voire d'un discours de « ventriloques » (Clémens).

Mais par un retournement prévisible, la situation du francographe devient exemplaire de la condition même de l'écrivain. Car la *surconscience linguistique* qui est la sienne est aussi une conscience de la langue comme d'un laboratoire de possibles et l'expression d'un sentiment d'étrangeté qui non seulement permet d'élargir les cadres de la langue française, mais témoigne d'un espace libre des discours « au-delà des frontières nationales et linguistiques » (Clémens). « J'écris en présence de toutes les langues du monde », déclare Glissant dans son récent essai, *Introduction à une poétique du divers* ; il ajoute que dans le contexte actuel des littératures, on ne peut plus écrire de manière monolingue. L'écrivain n'a plus qu'à réclamer son statut d'« étranger professionnel » (Khatibi). Condamné à chercher cette autre langue ou cette troisième langue qui lui appartient en propre, il n'en participe que mieux de cette expérience des limites, de cette avancée dans les territoires du visible et de l'invisible qui s'appelle littérature.

Écrire en français, penser dans sa langue maternelle

AHMADOU KOUROUMA

Je suis d'ethnie malinké, de nationalité ivoirienne, donc négro-africain. La littérature de ma langue maternelle est orale. Ma culture de base est l'animisme. J'écris en français. La langue française est la seconde langue de mon pays, elle est officiellement ma langue nationale. Le français est une langue disciplinée, policée par l'écriture, la logique, dont le substrat est la chrétienté. Ma langue maternelle, la langue dans laquelle je conçois, n'a connu que la grande liberté de l'oralité ; elle est assise sur une culture de base animiste. Voilà en quels termes se pose pour moi la question de langue.

Mon premier problème d'écrivain, d'écrivain francophone, est donc d'abord une question de culture. De culture, parce que ma religion de base étant l'animisme, l'animisme africain, je me bats dans une grande confusion de termes avec les expressions françaises que j'utilise. Je vais relever un exemple. La loi de chez moi condamne à de longues années de prison ceux qui avouent avoir mangé l'âme d'un décédé. Manger l'âme d'un décédé est une expression insolite en français, elle fait sourire parce que dans la culture française, on ne peut pas manger l'âme. Il y a plus grave. Le mot « Dieu » utilisé en français ne permet pas de qualifier notre Dieu, le Dieu négro-africain. Et il n'existe pas de terme précis pour nommer notre religion ; on l'appelle animisme, fétichisme, sorcellerie. Trois noms dont aucun n'est satisfaisant. On conviendra qu'il y a quand même un problème pour nous Négro-Africains qui avons pour langue nationale le français. Problème, parce que notre langue nationale n'a pas de mots précis pour nommer notre Dieu et notre religion.

Le droit pénal, pour être équitable et efficace, doit s'appuyer sur des mots précis, des notions rationnelles qui ont le même sens pour tous dans la langue. Dans le français qui est notre langue nationale et qui est la langue administrative, les termes utilisés n'ont pas le même sens pour le juge — qui raisonne en français — et le jugé — qui raisonne en négro-africain. Revenons au délit de « manger l'âme » pour lequel des prévenus peuvent écoper de peines de cinq ans. Si d'aventure en sortant d'ici je suis victime d'un accident et qu'un compatriote ou une compatriote de mon village en Côte d'Ivoire est accusé d'avoir mangé mon âme, celui-ci sera lourdement condamné à de nombreuses années de prison s'il reconnaît le crime. Le délit se constitue dans le code Napoléon, substrat de notre droit, par des faits matériels et « manger l'âme » d'un mort par accident à des milliers de kilomètres ne se comprend pas, ne se voit pas. C'est un fait, une notion de culture qui n'est pas exprimable en français. Il est donc indispensable que toutes les réalités sociologiques de notre culture de Négro-Africains puissent être exprimées par des mots précis en français pour que le français puisse pleinement jouer sa fonction de langue nationale.

Mon second problème, c'est la nature des langues africaines. Il faut, avant de parler des langues africaines, signaler quelques caractéristiques de ces langues. Contrairement à ce qu'on a pu penser ou écrire, les langues négro-africaines ne sont pas pauvres. Elles souffrent d'une abondance lexicale dans le concret. « Une abondance lexicale par dérivation morphologique et involution sémantique des concepts. Le haoussas (Niger, Nigeria) connaît 50 000 mots : le peul, en Afrique occidentale, 60 000 combinaisons possibles. Pour exprimer la notion de grandeur, la nupe (Afrique de l'Est) utilise 183 termes et le haoussas 311. En barundi (Burindi), il y a vingt manières de traduire l'action de couper : en fendant, en petits morceaux, du bois pour la construction, du bois de chauffage les épis des céréales sur pied, la barbe, les cheveux, avec un instrument tranchant, un arbre à coups de hache, la branche d'un arbre, etc., écrit l'africaniste Louis-Vincent Thomas.

On peut dire que les langues négro-africaines sont en perpétuelle création ; elles s'adaptent, épousent les réalités et les sentiments qu'elles sont chargées d'exprimer.

Et ce n'est pas tout. Chez les Négro-Africains, la littérature est orale. L'oralité n'est pas que la parole parlée, mais aussi la parole retenue, le silence. Elle n'est pas seulement la parole et le silence, mais aussi le geste. « [...] on ne conçoit pas de narration – qu'il s'agisse de fables, de légendes, ou de mythes – sans une mimique appropriée, sans un grammacalisme du geste et une syntaxe de l'intonation qui en constituent le support nécessaire », précise encore le même africaniste Louis-Vincent Thomas.

L'objectif recherché par le créateur dans la tradition négro-africaine est de favoriser la participation par l'émotion. Il y parvient en usant du rythme, de l'image et du symbole comme procédés littéraires.

Mon problème d'écrivain francophone est de transposer en français des paroles créées dans une langue orale négro-africaine, des œuvres qui ont été préparées pour être produites, pour être dites oralement. Je me heurte à des difficultés. La langue française m'apparaît linéaire. Je m'y sens à l'étroit. Il me manque le lexique, la grammaticalisation, les nuances et même les procédés littéraires pour lesquels la fiction avait été préparée. La langue française est planifiée, agencée. Les personnages, les scènes cessent d'avoir le relief qu'ils avaient dans la parole africaine. Leurs interventions ne produisent plus les échos qui les suivaient dans la langue originelle.

Je dois repenser, reprendre et reconcevoir la fiction dans le français dans lequel elle doit être produite, soit « africaniser » le français pour que l'œuvre conserve l'essentiel de ses qualités. Beaucoup d'écrivains adoptent la première méthode ; ou disons simplement que beaucoup d'Africains renoncent à penser dans leur langue natale, conçoivent leurs œuvres en français. Ils renoncent à leur africanité et ne connaissent donc que les difficultés auxquelles se heurte l'écrivain dont la langue maternelle est le français. Ceux qui en revanche créent et pensent dans leur langue natale rencontrent d'autres difficultés à s'exprimer, ils ont recours au processus appelé « africanisation » du français. Le temps imparti ne permet pas de s'étendre sur ce processus. Il consistera à s'efforcer de reproduire en français le cheminement de la pensée dans la langue maternelle, de coller dans le français les expressions par lesquelles sont saisis les sentiments dans l'oralité. Il faut rechercher les moyens et les méthodes de placer dans l'écriture la liberté et la poésie du récit oral afin de s'y sentir à l'aise.

Parfois on est obligé d'écarter des mots à cause de leurs nombreux sens figurés et connotations et d'avoir recours à l'archaïsme. Ce n'est pas par préciosité. Les mots à l'origine, dans leur premier usage, n'avaient que leur dénotation qui très souvent colle le mieux au sens à retenir.

On parvient aussi à faire perdre aux mots français leurs connotations par l'accumulation des synonymes. En alignant plusieurs synonymes pour exprimer une réalité ou un sentiment, l'écrivain fait sentir au lecteur la difficulté de nommer une réalité ou d'exprimer un sentiment par l'écriture.

Ce n'est pas par le seul lexique que l'écrivain peut « casser le français » ; la syntaxe de la langue de Molière doit être effleurée. Il faut introduire les formes syntaxiques des langues africaines dans le français. Ces constructions syntaxiques ressemblent très souvent à des formes archaïques du français.

Il faut reproduire le rythme qui caractérise les langues africaines, user de l'image et du symbole, préférer la comparaison à la métaphore et faire usage des proverbes et de l'image – analogie pour conserver à la prose tout le surréalisme du récit africain.

Je cherche à écrire le français tout en continuant à penser dans ma langue maternelle, le malinké. C'est une expérience qui, pour des peuples africains dont les langues ne sont pas écrites, constitue un moyen de libération intellectuelle. Ils retrouvent dans le français devenu la langue nationale une « case maternelle ». On ne peut pas être totalement libre si on ne possède pas la langue qui nous permet de nous exprimer entièrement. C'est une expérience qui est un pas sur le chemin de la liberté pour les peuples africains de littérature orale.

Écrire en français en continuant à penser dans sa langue maternelle ne construit pas seulement une case maternelle à l'écrivain dans la francophonie ; il permet de réaliser une francophonie ouverte, une francophonie multiculturelle qui peut rassembler des peuples égaux qui considéreront en définitive le français comme un bien commun.

Les langues dans la langue

ÉRIC CLÉMENS

Cerné de perplexités : voilà ma situation au moment d'intervenir dans cette rencontre [...].

La première perplexité vient de l'équivoque de cet atelier, pris entre le géographique et le politique, d'une part, et le linguistique et le culturel, d'autre part. Car c'est dans la capitale de la France que nous nous rassemblons, mais au nom de la langue française, qui ne s'identifie nullement à elle ; car c'est avec des représentants de pays « d'Afrique du Nord, d'Afrique noire, du Vietnam, d'Europe de l'Est » et d'ailleurs que ladite communauté francophone est convoquée selon un mot, francophonie, dont aucun écrivain de nationalité française ne se réclamerait spontanément. À la suite de quoi les autres écrivains semblent avoir un statut de ventriloques...

La deuxième perplexité en découle : faut-il considérer que cette équivoque initiale favorise un nationalisme dont on peut à plus d'un titre penser qu'il exerce une des principales menaces de guerre aujourd'hui, ou sert-il un internationalisme lui-même équivoque, puisqu'il serait exclusivement francophone — à l'exclusion de quoi ? de l'Europe ? de la France même ? de la langue anglo-américaine ? voire de la langue de l'Islam ? ou de tout cela en même temps ? Les problèmes qui surgissent ici sont innombrables et cependant pressants. Problème, d'abord, du lien entre l'État et la nation, qui tend à se défaire par la formation d'un méga-État multinational, mais plus impérial encore, à moins que l'extension de la démocratie dans les différences culturelles et linguistiques ne divise et ne contrôle cette formation, au moins dans la construction européenne. Problème, ensuite, de l'identité nationale qui, renforcée, ravivée dans ses mythes élevés au rang de racines (y compris par des intellectuels éminents comme certains de ceux réunis, en été 1995, aux Xe Rencontres de Pétrarque, à Montpellier, qui disent avoir retrouvé avec émotion « l'amour » de la France), restaure le patriotisme et la république contre la citoyenneté et la démocratie. Dans un livre décapant, *Mourir pour la patrie*[1], le grand historien Ernst Kantorowicz a démonté l'identification du corps mystique et du corps moral et politique du peuple sous-jacente à l'exaltation de la nation et de la patrie et justifiant « la mort *pro patria*[2], c'est-à-dire pour un corps mystique corporatif ». Le patriote, sur ce fond irrationnel, fût-il de religion laïque, contrecarre toujours l'avènement du citoyen et de la communauté démocratique. Dans le même ordre d'idées, Hannah Arendt, à la suite de sa polémique autour du procès Eichmann, a insisté sur la relation personnelle qui constitue l'amitié et donc sur l'aberration dangereuse qu'il y a à parler d'un « amour » de son pays, partant aussi, je tiens à mettre les points sur les i, de sa région, de sa ville ou de son village. Rappelons ce que disait Arendt avec cette libre lucidité dont elle nous donne l'exemple :

> Je n'ai jamais aimé, de toute ma vie, quelque peuple ou collectivité que ce soit, qu'il s'agisse des Allemands, des Français ou des Américains, voire même de la classe ouvrière ou quelque autre que ce soit. En fait, je n'aime que mes amis et je suis absolument incapable de toute autre forme d'amour. Mais compte tenu du fait que je suis juive, c'est avant tout cet amour des Juifs qui m'apparaîtrait suspect[3].

Problème, enfin de l'affrontement entre culture dite francophone et culture dite anglophone ou anglo-américaine. Mais c'est l'occasion d'une autre perplexité.

Ma troisième perplexité, en effet, renvoie plus étroitement à mon écriture : je ne la considère ni comme francophone, ni comme séparée des langues étrangères ! J'écris certes en français, (pas en « francophone »), *mais* depuis l'expérience des langues dans la langue — et aucun paradoxe ne se cache dans cette double affirmation. Au contraire, expliciter ce qui peut se comprendre par là permettra peut-être de reposer autrement les questions qui ont provoqué notre rencontre.

D'où vient mon désir d'écrire ? S'il n'y a pas de réponse simple et unique, je peux tout de même situer l'élément ou le milieu de la réponse : le rapport au langage, mon rapport au langage, le rapport de mon corps au langage, parce que précisément mon corps se forme dans le rapport au langage, au désir et à l'autre dans le langage. Ces évidences, du moins je l'espère, se complètent de ce qui marque le rapport au langage dans le désir d'écrire : un ratage de la communication, une inadéquation de l'information, une menace de disparition (que

1. Paris, Presses universitaires de France, 1984.
2. *Ibid.*, p. 133.
3. Cité dans Hannah Arendt, *La Tradition cachée*, Paris, Christian Bourgeois, 1987, p. 246.

Mallarmé eût appelée « disparition élocutoire » du poète autant que de la chose)... À l'inverse de l'illusion d'une communication d'informations représentées, pour ne pas dire télévisuelles, Antonin Artaud proclame : « Tout vrai langage est incompréhensible. »

Mais de quoi s'agit-il ? Qu'entendons-nous par langage ? Le mot est non seulement applicable aux langages gestuels, érotiques, artistiques ou technoscientifiques, mais, même ramené au seul langage verbal, il couvre le tissu des langues qui nous enserre. Permettez-moi de redire ici ce que j'ai développé dans mon livre sur *La Fiction et l'apparaître* : que nous sommes pris, que nous naissons et que nous nous formons entre des langues ordonnées et des langues souterraines. Les premières, les *langues ordonnées*, nous socialisent, nous éduquent et nous codifient en nous pliant à leurs codes : ce sont les langues apprises selon la grammaire et le dictionnaire, selon les coutumes, les morales ou les religions et les pouvoirs, selon les savoirs et les techniques, les idéologies. Mais simultanément, les secondes, les *langues souterraines*, brouillent et trouent l'ordonnance qui nous lie à la société par la servitude maîtrisée de la communication. Quelles sont-elles ?

> La *langue maternelle*, en premier lieu, c'est-à-dire la langue où prend forme le désir primaire dans le signifiant et en travers de son ordre, les souffles, les hoquets, les halètements et les battements, les cris, les rires et les pleurs, les babils et les berceuses, mais aussi les langues qui, au sein de la vie sociale, viennent relayer cette langue d'une jouissance sans fond et interrompre, désordonner les discours dominants : les *langues basses*, obscènes (sexuelles, scatologiques), injurieuses, rieuses, cajoleuses, des argots et des jargons, des jurons et des insultes, des calembours et des jeux de mots..., qui sont autant de contre-violences [...] face aux langues des pouvoirs ; *langues étrangères*, ensuite, [y compris des patois et des dialectes], qui introduisent à la conscience de l'arbitraire du langage, de la non-maîtrise du sens, de sa dissémination, de l'altérité dans la langue ; les *langues de l'intertexte*, enfin, des croisements, des empiètements, voire des accouplements des racines des mots, des autres textes [...] et de tous les discours qui témoignent déjà de la traversée et de l'affrontement des langues[4].

Si l'écriture se forge et la fiction se forme dans cette traversée et cet affrontement, sans lesquels aucune expérience vécue, aucune mémoire, aucune réflexion et aucune invention n'ont lieu, nul paradoxe ne réside dans la double affirmation que nous sommes des écrivains de langue française, d'où que nous venions, et que la langue française, comme toute langue, est

4. *La Fiction et l'apparaître*, Paris, Albin Michel, 1993, p. 152.

étrangère à elle-même pour qui cherche à parler. Si l'écrivain a une fonction, où peut-elle apparaître sinon dans la *monstration* de son expérience du dysfonctionnement de la langue ? Tout vrai langage est incompréhensible en termes de fonction, de communication et de compréhension.

Une langue — internationale, nationale, dialectale, formelle, idiolectale... — n'est-elle pas logiquement impériale, imaginairement unique et maîtresse ? À peine et très provisoirement opposable à une autre qui dirige l'oppression ? Et encore : Aimé Césaire a engorgé la langue française de la langue de la négritude, il ne s'est pas replié sur le créole. La seule politique de la langue qui vaille, qui se justifie, c'est-à-dire qui puisse se partager, est celle de l'écriture qui l'ouvre à ses dehors et à ses divisions — et ouvre du même coup la possibilité du conflit des discours qui institue l'espace politique démocratique. Car dans l'écriture comme dans le jeu des discours du *demos,* les langues apparaissent, ordonnées et souterraines, en lutte, divisées, fictives, investissant le réel — l'impossible à dire du heurt de la jouissance et de la mort, de la naissance et de l'action, de l'excès — les sujets et leur langue soi-disant identifiée !

Peut-être ai-je perdu un peu de ma perplexité. Peut-être sommes-nous ici venus d'ailleurs pour marquer cette exigence d'écriture des langues ordonnées et souterraines dans la langue, afin que l'espace libre et égal des discours opposés s'élargisse au-delà des frontières nationales et linguistiques : pour une démocratie dont non pas la francophonie, suspecte, mais le Parlement des écrivains serait le creuset.

Un étranger professionnel

ABDELKÉBIR KHATIBI

Nous sommes réunis aujourd'hui sous le signe de la littérature française à laquelle nous avons été historiquement destinés. Littérature qui a été à l'origine, je le rappelle, assez vite une sorte d'alliage entre un lexique latin, un lexique initial latin, et une syntaxe proprement française, proprement idiomatique et locale. C'est là une dualité, un agencement entre deux différences unifiées par la langue française ; c'est là son principe d'identité initial, dans lequel nous sommes inscrits avec nos langues, nos idiomes, nos civilisations. Dès lors, ce qu'on appelle francophonie ou francographie date et ne date pas, les deux à la fois, de l'époque coloniale et post-coloniale. Elle date de là c'est évident ; elle ne date pas de là pour des raisons que je viens de rappeler. C'est pourquoi la littérature dont nous portons aussi le nom a été contrainte par l'exercice de l'œuvre littéraire et son labeur à élargir le cadre de la langue française, depuis que ce monde francophone travaille. Quitte pour l'écrivain, quel qu'il soit, à y introduire des alliances avec d'autres idiomes, des ruptures, des noyaux de dissidence, de résistance, de telle façon que cette langue que nous parlons soit toujours capable de s'ouvrir à elle-même, de s'ouvrir à toute différence culturelle, religieuse, cognitive, comme l'ont fait si admirablement les poètes. Je cite Rimbaud, je cite Mallarmé et, plus près de nous, Michaux, inventeurs d'idiomes littéraires qu'on a à peine explorés. J'ai trouvé par hasard dans un livre de Nietzsche une phrase que je vous donne à méditer. Nietzsche dit, dans *Le Voyageur et son ombre*, cette phrase qui est la suite de ce que je viens de dire : « Le côté le plus faible de tout livre classique, c'est qu'il est trop écrit dans la langue maternelle de son auteur. » Je ne veux pas commenter cette phrase de Nietzsche, qui est lourde de sens pour tout le monde ici présent, mais j'aimerais simplement enchaîner en disant, à propos des poètes que j'ai cités mais aussi d'autres poètes francophones, que leur modernité est en devenir parce que tout poète authentique invente du futur, invente un fragment de civilisation. Tel est le

Études françaises, 33, 1, 1997

sens que je donne à une œuvre qui se construit au cours d'une vie. Vous voyez très vite qu'une œuvre ne se réduit pas à l'alibi du culturel, quelle que soit la culture impliquée. Une œuvre, et je parle de l'œuvre littéraire en acte, accueille, transforme les écarts entre les langues au profit de l'unité sensible d'un style. Permettez-moi simplement de vous renvoyer, sur ce point, à un essai qui s'appelle *Figures de l'étranger*, avec en sous-titre et en italique *dans la littérature française*. S'agissant aujourd'hui de témoignages personnels plus que d'analyses argumentées, je vais me référer, si vous permettez, à ma pratique d'écriture, à quelques exemples de ce tissage de mots, de langues et de graphie. Je vais sortir le premier fil de la trame : il s'agit de la traduction — c'est ainsi que je l'appelle — de la traduction en simultané que je fais mienne et que je mets en scène dans un roman qui s'appelle *Un été à Stockholm* et qui décrit la passion d'effacer les traces. Il s'agit donc de la traduction en simultané d'énoncés divers, — soit des mots arabes — de langue maternelle arabe — ou d'autres langues, des versets coraniques, des fragments de textes, des métaphores, des contes, des allégories, images-signes venant de ma civilisation de base ou d'autres civilisations qui m'intéressent. Étant admis que je pratique plus ou moins cinq langues, à savoir l'arabe, le français, l'anglais, l'espagnol, le suédois et quelques bribes d'un idiome qu'on appelle communément le berbère. Ces énoncés étrangers au français arrivent donc par association plus ou moins rapide et souple. Je les traduis, je les capte vite en évitant les néologismes trop faciles et les télescopages de mots dialectaux. Parfois je les traduis tels quels, mais rarement. Souvent je les transforme au gré de mes improvisations, de mon rythme. J'ai tendance plutôt, dans ce jeu, ce tissage des langues, à disséminer le lexique étranger dans le mouvement syntaxique. C'est la syntaxe qui est ma visée essentielle. Parfois je greffe des mots non français dans mon texte et rarement des néologismes. Kourouma a parlé de son rapport aux deux langues et de sa mythologie. Je connais bien son premier texte, qui m'intéresse parce qu'il touche à une problématique incontournable qui est l'ouverture du français à la multiplicité des cultures. Et je pense que dans son roman, dont on a beaucoup parlé, il y a en quelque sorte la réincarnation du malinké en français. De telle façon que son français à lui est le support, le substrat culturel de sa propre sensibilité, mais en même temps il se réincarne : c'est un esprit réincarné dans la langue française. Je ne sais pas si je suis fidèle à sa sensibilité, mais je le sens comme ça. En tout cas, j'ai toujours senti, pressenti qu'il y a dans cette pratique entre les langues toute une partition entre trois espaces-temps ou espaces-rythmes, je dirais, pour rester dans la syntaxe. Un espace traditionnellement français, créé en France, un autre espace qui fait appel à d'autres langues et civilisations et un troisième espace intermédiaire, un lieu neutre, vacant, et qui reste à défricher toujours par l'œuvre. Je pense que l'œuvre de Beckett, mais il y en a d'autres, est une parfaite illustration de cet espace neutre, un neutre inventif et fertile en trouvailles, en surprises, en découvertes. Beckett écrivait en français et écrivait en anglais ; il se traduisait rarement et c'est normal, parce que sinon il aurait été dans une confusion difficile. Il a donc créé cet espace magnifique où il pouvait écrire sa troisième langue. Les greffes dont je parle, ou dont a parlé Kourouma à sa manière, ces greffes, transmissibles de langue à langue, se transforment si on injecte des mots étrangers au français dans un texte. Mais par qui est-il lu ? Ces mots, que deviennent-ils ? Comment transforment-ils le texte lui-même ? Quelle est leur dynamique propre, leur rayonnement, leur aura ? Le texte commence à rêver et on rêve avec ce texte. Trop de mots exotiques peuvent tuer le texte. Mais des mots qui soient strictement nécessaires dans la mise en forme du texte, ceux-là, ils ne peuvent que rayonner et la langue étrangère au français se trouve prise en charge dans sa force. Alors l'écrivain devient un traducteur de sa propre langue, de sa culture natale en français. C'est *ce* français que je parle ; *ce* français que j'écris. Grâce à cette traduction simultanée, à ce procédé de greffe mais aussi à une association, plus ou moins souterraine entre mots, entre fragments de mots, entre métaphores, j'enregistre sans réserves ce qui me revient de mémoire. J'ai un carnet de bord et c'est lui mon compagnon de route. Je suis alors un scribe, un scribe qui est en fait un enquêteur ; j'enquête sur ma mémoire des langues, et une mémoire active, en devenir. Une mémoire qui s'acharne sur l'effacement des traces et leur transformation, leur métamorphose. La mise en forme du texte est alors tissée sur l'élan mesuré du rythme que la syntaxe compose. La syntaxe est ma visée, ai-je dit, ma volupté, ma passion, ma fabrique d'usine, ma table d'écoute. Et comme dit ce poète lyrique magnifique Supervielle, « mon oublieuse mémoire ».

Si je fais ainsi l'éloge de la syntaxe, c'est qu'elle me permet de me capter moi-même en acte quand je travaille. De me capturer en tant que rythme, espacement, intensité de désir. La syntaxe élargit l'espace d'hospitalité où l'écrivain est reçu dans son propre texte comme un invité, à l'ombre du lecteur. À ce lecteur, à ce compagnon anonyme, il transmet quelque chose de très précieux : la vie. Il lui transmet un supplément de vie, matérielle et immatérielle. La blessure dont parle souvent l'écrivain est en même temps une greffe, un supplément de vie matérielle et immatérielle qu'il lègue aux autres.

Pour revenir à notre propos, il m'arrive ceci : quand trop de mots étrangers au français m'envahissent au moment où j'écris, je me mets à traduire cet afflux sur plusieurs registres, si bien que dans ce cas-là, je ne donne que le texte visible du palimpseste. Pourquoi donc éviter de confondre les langues ? D'abord parce qu'un vrai bilingue ou un vrai multilingue passe une partie de son temps à séparer les langues et à les connaître dans leur propre originalité. La rencontre des langues doit être basée sur une pratique précise de ces langues. Sinon c'est la confusion : c'est des fragments en dérive de langues. Le vrai bilingue ou multilingue évite une confusion généralisée ; il évite la tour de Babel. Ensuite, la pratique de plusieurs langues est un grand risque, parfois même elle est un lieu infernal, une sorte de rage de désidentification. Il y a de nombreux exemples à donner ; beaucoup de textes témoignent de cette fureur. J'essaie d'opérer autrement, au-delà de la fureur des langues, au-delà de leur dénégation. J'essaie d'opérer, dans la mesure de mes moyens, en me concentrant sur une mise en forme graduelle, rythmique, unificatrice, un travail continu. Je cherche à doter la langue d'un rythme souple, ouvert, à distance entre la mémoire et l'oubli. Je cherche une plasticité capable d'accueillir tous les mots d'où qu'ils viennent quand je dors, quand je suis éveillé ou dans le pré-sommeil. Les mots et les rêves de mots qui m'habitent, me signifient, m'inventent au jour le jour. Peut-être en sachant que les puissances du silence sont cet espace de vie, la blessure de tout écrivain, quel qu'il soit, d'où qu'il vienne, dans n'importe quel temps : il y a une torsion de la vie, une blessure, sinon on ne comprendrait pas pourquoi ils travaillent tant. La blessure de tout écrivain, quel qu'il soit, est le signe-témoin de son destin. En sachant cela, en l'expérimentant, je me suis résolu définitivement à l'exorciser par l'art de vivre qui est une justification majeure de la littérature et de l'art. Et par un engagement, dans la langue et hors langue, dans le champ politique, social, et il y a pour moi des degrés différents mais une unité de travail et d'engagement sur plusieurs registres. Je suis donc un héritier de cette tradition si vénérable. Une expérience, mon expérience de la langue d'écriture tissée à une double, multiple langue m'a appris au moins ceci : toute œuvre réside, habite dans son unicité solitaire. À cette unicité si singulière, je donne depuis quelques années le nom d'étranger professionnel. Qu'est-ce qu'un étranger professionnel ? Je vous le demande.

Le dernier mot

JACQUES GODBOUT

Cheminant à quatre pattes sur le linoléum de la cuisine, je baragouinais à l'âge de six mois un étrange charabia. Cela n'a rien d'étonnant, et je n'avais pas de talent particulier : à cet âge, nous disent les ethnolinguistes, nous avons dans le cerveau et les oreilles tous les sons de l'univers. Parler une langue, donc, c'est à la fois se spécialiser et s'appauvrir, puisque cela entend éliminer, jusqu'à ne plus pouvoir les prononcer, des phonèmes qui appartiennent au chinois, par exemple, ou à l'amharique ; parler une langue, c'est n'en plus parler trois mille.

En discriminant, en corrigeant, en insistant, la mère réussit habituellement à donner naissance à un petit être unilingue parfaitement à l'aise dans son lexique dès l'âge de quatre ans. On peut comprendre que, quelques années plus tard, l'écrivain fouille la langue comme un terreau qui cache le souvenir du charabia initial. Ainsi va le cycle ; au plan linguistique on meurt plus pauvre qu'à sa naissance, on n'accumule pas de richesses, on dépense.

Je suis d'autant plus sensible à ce phénomène que je dois, d'entrée de jeu, avouer que le français n'est pas ma langue maternelle. Ma mère avait un sein anglais, l'autre français, et j'ai longtemps tété l'un et l'autre, y buvant un lait incertain. En réalité, je suis né dans une ville frontière et j'ai joué dans des terrains vagues linguistiques.

Le français n'est pas ma langue maternelle, c'est ma langue paternelle. Ma mère venait de la région des lacs, à l'ouest de Montréal, où les Irlandais et les Écossais s'étaient mêlés à sa famille. Mon père est né dans un quartier ouvrier de l'est de la métropole ; francophone, il appartenait à une famille où le bien dire et le bien écrire étaient le principal héritage. Un grand-père député au début du siècle, un oncle premier ministre pendant la Seconde Guerre mondiale, une tradition politique libérale (dans le sens anglo-saxon du terme) avaient fait du discours et de l'art oratoire la fierté des Godbout.

Parler. Mon père, verbomoteur, s'emballait, se grisait de mots, insistait pour qu'on l'écoute avec attention, souhaitait que je lui pose — sans arrêt — des questions qui lui permettraient de pérorer ; il avait sur tout des opinions arrêtées et des hypothèses complètes ; entomologiste de profession, il expliquait le monde par les insectes, luttait contre les maladies des plantes avec un enthousiasme décuplé par les découvertes de la chimie. Mon père était un scientifique de langue française qui décida, sans le savoir, de mon orientation linguistique. Il m'épingla dans l'album de la famille française, même si nous habitions à des milliers de kilomètres de Paris, m'ouvrit la bibliothèque, me dit le respect qu'il fallait porter aux écrivains, m'offrit les chansons du folklore et celles de Mistinguette que jamais ma mère n'avait fredonnées quand elle me berçait sur ses genoux. Ma mère murmurait les airs de Bing Crosby, mon père hurlait les rimes de Maurice Chevalier.

Une langue paternelle n'est pas une langue maternelle. Elle vous arrive d'autorité. Elle cherche la précision, elle s'intéresse surtout au sens. Je me rappelle comme mon père prenait plaisir à recevoir au Québec des agronomes belges et français en visite dans nos terres. Il les promenait d'un verger à une ferme laitière, d'un champ de tabac blond à des serres horticoles en tentant de saisir les différentes appellations, les mots justes, les termes scientifiques que ses visiteurs utilisaient. Le soir, à table, il se plaisait à souligner leurs accents exotiques.

Une langue paternelle n'est pas une langue maternelle. Celle-ci est onctueuse, coulante comme du Pablum, un porridge qu'affectionnait ma mère et qu'elle nous servait tiède comme une bière anglaise. Une langue maternelle, je suppose, est un plaisir de tous les sens depuis la première caresse.

Cette langue familière, tendre et sans heurts, douce et chaleureuse qui permet d'aligner des mots pendant des milliers de pages m'est, hélas, tout à fait étrangère. J'écris ma langue paternelle. C'est une langue concise, qui invite au raisonnement, préfère la synthèse et transforme votre approche poétique en prose. Une langue plus préoccupée de son effet public que de ses échos intimes.

Quand vint la guerre, j'avais six ans. Quelques déménagements et ma famille se retrouva dans un quartier canadien-français catholique où les choix linguistiques se réglaient à coups de poing avec les protestants. Pour ne pas me battre, j'utilisais, selon les circonstances, la langue du plus fort. Je bénissais ma mère en anglais ou invoquais mon père dans sa langue. C'était selon, mais les livres que j'empruntais aux bibliothèques privées et publiques, et que je lisais avec avidité, parlaient la langue de mes rêves : le français.

À douze ans, j'étais un jeune garçon aux yeux pers, aux cheveux blonds, à l'air angélique, mais je restais en retrait du monde. Deux fois par semaine ma mère allait au cinéma voir des films américains. En famille, à la veillée, la radio débitait des programmes depuis New York qui faisaient bien rire ma mère et ma grand-mère, nouvellement installée chez nous ; j'essayais depuis la table de la salle à manger de me concentrer sur les mathématiques, l'histoire et la géographie que nous enseignaient dans une langue approximative les frères des Écoles chrétiennes. Mon père fulminait contre le niveau de langue que je rapportais de la rue.

Quand j'eus douze ans, il décida de jouer le tout pour le tout. Prétextant une enquête à mener sur la maladie hollandaise de l'orme, il décida de me faire découvrir le pays et explorer la province.

Pendant les deux mois de l'été 1946, nous avons, côte à côte dans sa nouvelle Dodge bleue du ministère de l'Agriculture, fait le tour complet des parents éloignés. Au Québec, même si sur les cartes le Saint-Laurent coule vers le nord, on dit : « descendre le fleuve ». Nous avons parcouru les terres du Bas Saint-Laurent jusqu'en Gaspésie, face à l'Atlantique, nous avons traversé le Majestueux dans son eau salée, de Matane à l'autre rive, remontant vers Québec, dormant parfois dans de petits motels, dans des cabines, dans des auberges en pierre, souvent chez de lointains cousins. Je rencontrai des agriculteurs que l'on disait cultivateurs, des notaires, un curé, des marchands, des pêcheurs, des ouvriers qui exploitaient les fonds des tourbières, quelques retraités, des enfants de mon âge aussi. Nous étions tous cousins, cousines, de village en village les accents devenaient plus pointus, ils parlaient une langue énergique qui n'avait rien à voir avec le montréalais. Les plus âgés m'appelaient « mon homme », ce qui me flattait au plus haut point, les tantes toujours en tablier m'offraient du chocolat et des biscuits, mon père me racontait, quand nous roulions en voiture le long de l'eau, l'histoire du Canada et celle de ma famille.

Je n'ai jamais oublié ce bain de paysages, cette initiation à la tendresse, la fierté de mon père qui tenait à présenter, à toute la tribu, son jeune fils qui entreprenait l'automne suivant des études en humanités chez les pères jésuites. Et puis surtout je suis rentré de ce voyage avec dans la tête la langue vivante de mes ancêtres contemporains.

Je commençais à écrire, je trouvais le joual montréalais un peu fade, l'anglais exotique, il me restait à traduire la voix de tous mes pays.

Faisons un saut dans le temps. Dix ans plus tard je suis devenu écrivain. Enfin. J'écris parce que j'aime que la langue me prenne en charge, comme un traversier. Je voyage avec elle comme mon père avait voyagé en ma compagnie. Je publie des poèmes à Paris, puis à Montréal, je propose un roman à Paris pour mieux rejoindre Montréal. Je joue et me joue de la langue.

Au niveau de la réception, ce n'est pas tout à fait la même chose. Nous sommes à l'époque de la décolonisation politique qui se traduit par une affirmation des différences. Il y a peu à peu confusion. À Montréal, des auteurs voient la France comme s'ils étaient des Algériens. Et certains Français nous imaginent pieds noirs dans la neige blanche. Les uns défendent le joual comme un écart nécessaire. D'autres montent sur leurs grands chevaux. Hervé Bazin nous accuse de lui voler sa place en librairie, Yves Berger de ne pas savoir parler de l'Amérique. Les choses se tassent, mais les idées se figent. Dix autres années s'écoulent. Je continue d'écrire à Montréal et de publier à Paris. Mais l'institution littéraire parisienne est cartésienne : ou vous montez à Paris, ou vous restez dans la marge. Il vous est interdit de faire la navette entre le français agréé du centre et le lexique savoureux de la périphérie. En fait, désormais, vous serez savoureux ou vous ne serez pas. On s'intéresse beaucoup plus à votre manière qu'à vos propos. La critique soulignera avec finesse vos bons mots exotiques et ne cherchera plus le sens de vos récits.

Pourquoi cette attitude vis-à-vis d'écrivains qui puisent leur inspiration à l'étranger mais partagent votre dictionnaire ?

C'est, je le crains, un trait de l'esprit français. Il se manifeste de plusieurs manières, tout d'abord par réflexe conditionné : peut-il y avoir une littérature de province qui ait quelque intérêt ? S'il n'est bon bec que de Paris, c'est que Paris suffit. La langue française de la périphérie ne saurait être qu'une curiosité.

Il y a, en plus, une dimension marchande. Le commerce des livres exige que ceux-ci soient faciles à identifier sur les tablettes des librairies. Nous sommes à l'ère des icônes et de l'impatience. La périphérie devient un signe. Ce n'est pas bien grave, mais cette attitude explique pourquoi les *world books*, les livres planétaires, ne se publient pas en France d'abord.

Je vous l'ai dit : mon père était un être particulièrement sociable, toujours à l'affût d'un interlocuteur. Il trouvait extraordinaire que les Français parlent toujours notre langue et quand il venait en France, il ne pouvait s'empêcher d'adresser la parole à ceux qu'il côtoyait, aux convives de la table voisine, au conducteur du train, au passant. Si j'étais à ses côtés, il me présentait à tous : voici mon fils qui est écrivain. C'est pourquoi je n'ai jamais imaginé que ma littérature puisse être invisible. J'écris dans ma langue paternelle, c'est un dialecte conquérant. L'essentiel n'est pas que l'on m'entende, mais que j'aie le dernier mot.

Collaborateurs

Ce numéro a été coordonné par Lise Gauvin

Jacques BRAULT

Professeur au Département d'études françaises de l'Université de Montréal durant de nombreuses années, Jacques Brault est l'auteur de plusieurs recueils de poèmes, dont *L'En-dessous, l'admirable* (PUM, 1975), *Moments fragiles* (Le Noroît, 1984), et d'essais, dont *La Poussière du chemin* (Boréal, 1989), *Ô Saisons, Ô Chateaux* (Boréal, 1991), où il livre ses méditations sur la poésie, la philosophie, la peinture ou les écrivains qu'il admire. Il vient d'obtenir le prix Gilles-Corbeil pour l'ensemble de ses œuvres.

Antoine COMPAGNON

Professeur à la Sorbonne et à l'université Columbia, Antoine Compagnon a fait porter ses travaux sur Montaigne, Proust, l'histoire de la critique et de l'enseignement, la rhétorique et la théorie de la littérature. Parmi ses titres, signalons : *La Seconde Main ou le Travail de la citation*, *Baudelaire et les deux infinis*, *Chat en poche*, *Montaigne et l'allégorie*. Son ouvrage sur Brunetière et l'affaire Dreyfus est sous presse.

Jeanne DEMERS

Professeure émérite de l'Université de Montréal et membre de la Société royale du Canada, Jeanne Demers a au fil des années multiplié ses champs de recherche mais en conservant toujours une approche générique et rhétorique. Ses travaux ont porté surtout sur le conte, les mémoires, le manifeste, les graffitis. Elle s'intéresse présentement aux poétiques de poètes, aux précis dits « arts poétiques ».

Isabelle DAUNAIS

Professeure au Département des littératures de l'Université Laval, Isabelle Daunais a publié deux ouvrages qui font suite à ses recherches sur les représentations de l'espace au XIXe siècle : *L'art de la mesure ou l'invention de l'espace dans les récits d'Orient (XIXe siècle)* (Presses universitaires à Vincennes/PUM, 1996) *et Flaubert et la scénographie romanesque*, (Nizet, 1993). Elle collabore à la revue Liberté.

Françoise GAILLARD

Membre des comités de rédaction des revues *Crises* et *Esprit*, elle a publié de nombreux articles sur des questions touchant à la modernité. Professeur à l'Université de Paris VII Denis-Diderot, où elle enseigne l'histoire des idées, Françoise Gaillard prépare un essai, *Archéologie de la modernité*, et un ouvrage au titre provisoire de *Roman et savoirs au tournant du siècle*.

Jean LAROSE

Professeur au Département d'études françaises de l'Université de Montréal, Jean Larose a publié plusieurs essais, dont *La Petite Noirceur* (Boréal, 1987), *L'Amour du pauvre* (Boréal, 1991), *La Souveraineté rampante* (Boréal, 1994), qui interrogent la modernité québécoise dans son rapport à la France, à la langue et au nationalisme, entre autres.

Laurent MAILHOT

Professeur au Département d'études françaises de l'Université de Montréal, directeur de la revue *Études françaises* de 1979 à 1987, membre du comité de direction de la « Bibliothèque du Nouveau Monde » (PUM), Laurent Mailhot a publié un livre sur Camus, une douzaine de livres dont des anthologies, souvent en collaboration, sur la littérature et le théâtre québécois. Il a fait paraître à l'Hexagone le recueil *Ouvrir le livre* (1992) et une version très augmentée de son « Que sais-je ? » (épuisé) sur *La Littérature québécoise* (1997).

Régine ROBIN

Professeure au Département de sociologie de l'Université du Québec à Montréal, essayiste et romancière, Régine Robin mène des recherches en théorie littéraire et en sociologie de la littérature, en particulier sur la notion de « roman ethnique » et sur les rapports entre « écriture et judéité ». Elle a publié entre autres *La Québécoite* (Typo, 1993) et *Le Naufrage du siècle* (Berg international/XYZ éditeur, 1997).

Éric CLÉMENS

Écrivain, Éric Clémens poursuit une double activité, à la fois comme philosophe et auteur de fiction. Il donne un cours d'anthropologie philosophique aux Facultés universitaires Saint-Louis (ESPR), à Bruxelles, et il a participé à l'aventure de la revue *TXT* depuis plus de vingt ans. Côté fiction, il a publié *Un coup de défaire, D'ego* (Carte blanche), *Opéra des Xris* et *Der'tour* (TXT). Côté philosophie, il a publié *Le Même entre démocratie et philosophie* (Lebeer-Hossmann, « Philosophique ») et *La Fiction et l'apparaître* (Albin Michel, « Bibliothèque du Collège International de Philosophie »). Il a également mené avec le peintre Claude Panier des entretiens parus sous le titre *Prendre Corps* (Artgo).

Jacques GODBOUT

Romancier, essayiste et cinéaste, Jacques Godbout a réalisé plus d'une vingtaine de films, parmi lesquels *Alias Will James* et *Le Sort de l'Amérique*, son plus récent. De *Salut Galarneau* (1967) à *Une histoire américaine* (1986) et au *Temps des Galarneau* (1988), ses romans interrogent l'identité québécoise et la décrivent avec une passion amusée. Parmi ses essais, mentionnons *Le Réformiste* (1975), *Le Murmure marchand* (1984), *L'Écran du bonheur* (1990) et, sous forme de journal, *L'Écrivain de province* (1991).

Abdelkébir KHATIBI

Romancier et essayiste d'origine marocaine, Abdelkébir Khatibi a publié plusieurs romans et récits dans lesquels il explore la double problématique du nom et de l'individu ainsi que le concept de bilinguisme : *La Mémoire tatouée* (1971), *La Blessure du nom propre* (1974), *Le Livre du sang* (1979), *Amour bilingue* (1983) et *Un été à Stockholm* (1990). Parmi ses essais, citons : *Maghreb pluriel* (1983), *Figures de l'étranger dans la littérature française* (1987) et *Civilisation de l'intersigne* (1996).

Ahmadou KOUROUMA

Romancier de la Côte-d'Ivoire, il a été le premier récipiendaire du Prix de la revue *Études françaises* en 1970 pour *Les Soleils des indépendances* (PUM, 1968 et Seuil, 1970), qui est devenu un classique de la littérature africaine. Il a publié également *Monnè, outrages et défis* (Seuil, 1990), roman qui raconte l'irréconciliable des langues et des cultures qui marque la période coloniale.

Résumés

Jacques Brault
LE SOLEIL ET LA LUNE

L'allégorie de la lune et du soleil introduit une réflexion sur la part de critique qui intervient dans toute création et la part d'inconscient qui demeure dans l'exercice de la critique. Évoquant la « lecture accompagnatrice » de nombreux écrivains, Jacques Brault souligne l'impossibilité de faire une démarcation entre création et critique, voire entre passé et présent. La part « vive » de ces textes laisse le lecteur dans la même perplexité que le poème.

Antoine Compagnon
SUIS-JE ROMANCIER ?

Le poncif moderne qui admet volontiers la cohabitation de la fiction et de la critique a une triple origine : les Baudelaire-Mallarmé-Valéry qui, écrivant de la poésie, s'attachaient à la définir ; les « herméneutiques du soupçon » pour lesquelles l'interprétation devient fiction ; le post-structuralisme tel qu'inauguré par le concept de « métalangage ». L'auteur rappelle la souffrance, le doute d'écrivains érigés en modèles, tel Proust.

Isabelle Daunais
LA RÉVERSIBILITÉ DES ARTS : LITTÉRATURE ET PEINTURE AU CONFLUENT DE LA CRITIQUE (ZOLA, HUYSMANS.

À la rencontre de deux modernités, littéraire et picturale, la critique d'art du XIXe siècle, notamment celle de Zola et de Huysmans, présente une pratique ambivalente de l'écriture. Les mots doivent trouver la juste mesure entre la vision du peintre et celle du spectateur. Pour parvenir à cette totalité, les écrivains-critiques fondent une écriture de la *réversibilité*, entre l'en-deça du tableau et son achèvement, faisant du texte un relais entre des images possibles.

Jeanne Demers
CRITIQUE ET ÉCRITURE : FAUT-IL VRAIMENT LES DISTINGUER ?

Réflexion sur les relations du métadiscours littéraire et de l'écriture, à partir de la notion d'agent double proposée par Pierre Mertens et d'une mise en scène parodique de la critique contemporaine due à David Lodge. Une plus grande lucidité face aux rôles respectifs de la fiction, de la critique et de la poétique devrait déboucher sur un méta-discours susceptible de resituer l'écriture dans son rôle de quête. Quête de savoir et quête de soi, quel que soit le mode d'expression choisi.

Françoise Gaillard
L'AGENT SIMPLE

En tentant de répondre à la question « pourquoi les écrivains sont-ils de bons critiques », Françoise Gaillard montre que leurs textes critiques participent de la même passion, des mêmes choix, du même engagement que leurs textes de fiction. L'écrivain critique n'est pas un agent double, le langage par contre l'est ; voilà pourquoi il est possible de cumuler ces deux activités qui paraissent contradictoires.

Laurent Mailhot
DES NOUVELLES D'UN « AUTEUR NOUVEAU » : *LA VIE RÉELLE* DANS L'ŒUVRE DE GILLES MARCOTTE

Unanimement reconnu comme critique et essayiste, Gilles Marcotte est aussi l'auteur de deux romans, de récits et nouvelles. Ce sont les « histoires » violentes de *La Vie réelle* (1989), celle des bêtes, des choses et de la Chose (la Mort) qu'étudie cet article en les mettant en rapport avec *Littérature et circonstances* et d'autres recueils ou textes de l'auteur sur la musique, l'écriture, le voyage, l'histoire, les institutions.

Régine Robin
L'AUTO-THÉORISATION D'UN ROMANCIER : DOUBROVSKY

L'écriture aujourd'hui est largement *métafictionnelle*. Il s'agira pour nous de démontrer le va-et-vient qu'un écrivain organise entre son œuvre de fiction, son autobiographie ou son autofiction, et son travail théorique, qui est la plupart du temps une auto-théorisation ou une mise en rapport entre un autre écrivain qui est l'objet d'analyse et son propre travail d'écrivain, entre sa propre fiction et le cadre épistémologique dans lequel il se situe, entre sa propre écriture et une conceptualisation directe ou indirecte de celle-ci. Le travail de Serge Doubrovsky, à cet égard, retiendra ici notre attention.

LITTÉRATURES VISIBLES ET INVISIBLES

Dans le cadre d'un atelier proposé par Lise Gauvin, les écrivains Ahmadou Kourouma, Éric Clémens, Abdelkébir Khatibi et Jacques Godbout s'interrogent sur leur parcours et témoignent de la traversée des langues et des cultures dont rend compte leur écriture. Par cette auto-théorisation de leur pratique, ces écrivains mettent en lumière les tensions et les paradoxes dont procède ce qu'on désigne communément sous le nom d'« écritures francophones ».